许金河　洪新民　编著

古村磡头

GU CUN KAN TOU

商务印书馆国际有限公司
中国・北京

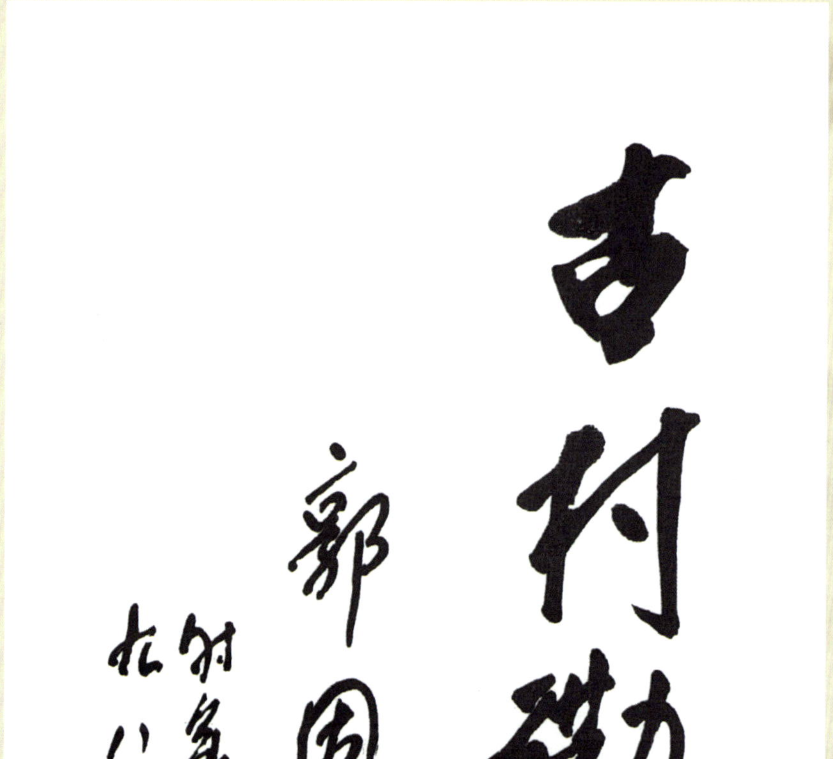
古村磡头
郭因题

古村磡头

《涧洲许氏宗谱》揭谱仪式合影

仙人谷·迎客壶

唐德金 / 摄

三屏五墩

平顶山屏

寿山屏

阳和屏

八卦亭墩

东山营墩

狮子墩

塔岭墩

文笔墩

六桥

阳川桥（涧洲桥、祠堂桥）

寿山桥

石街桥

清潭桥

天助桥

普济桥

八景

许氏宗祠

怀恩堂·伯雨洗砚池

二十四巷·来苏巷

听泉楼

绩溪烈士陵园

石牌坊

金钩卷镰

磡头田园风光　周斯跃 / 摄

珍贵照片

磡头老鼓

磡头村口　殷亚利 / 摄

荆磡岭石拱路亭　胡云斌 / 摄

仙人谷 · 路亭

序

磡头村是中国历史文化名村，也是中国人民志愿军一级战斗英雄、特等功臣许家朋烈士的故乡。1958 年，安徽省政府发文，将磡头乡以英雄的名字命名为家朋人民公社，磡头村也随之改名为家朋村。如今能在英雄故里为人民服务，我感到十分荣幸！

磡头村历史悠久，山川秀美，人文底蕴十分深厚，被建筑学家誉为“徽州古村落的明珠”，是安徽省政府 1989 年批准公布的第一批“历史文化保护区”之一。正如一位学者所说：“在绩溪，你信步走进一个村落，就能翻开一页历史；你随意踩到一块石头，就会触动一个朝代。”

在这片建筑面积约 2 平方公里、人口 2000 多人的鱼形村落里，90% 以上的民居皆为明、清时期或民国年间所建，古色古香。“三屏五墩”构成村架，村外六山环伺，村内古祠、古巷、古庙、古坊遍布；“六桥八景”点缀其间，一溪穿村而过，潺潺流水日夜不息，两岸水街人流不断……

这样的景致，绩溪仅有，皖南少见。

2020 年，磡头村许氏成立修谱理事会，历时三年完成间断了一百多年的《涧洲许氏宗谱》编修工程。紧接着，主编许金河、副主编洪新民又着手编著《古村磡头》一书，实为磡头村文化振兴的大喜事。

本书全面介绍了磡头村的历史、人文、风景、民俗。在书中，读者可以神游千年古村，探寻它的历史渊源；了解磡头村许氏六百多年的精神传承，领略磡头村深厚的文化底蕴，感受磡头人艰苦卓绝的奋斗精神。这里的每一条石板路，每一座牌坊、石拱桥，每一道阶坎、堤坝都渗透着几十代人的辛勤汗水。在那些古迹遗存中，在那些灵山秀水间，每个人都会有独特的感受。那一个个鲜活的人物，都是磡头人中的杰出代表，他们的言传身教影响着磡头人的成长，沉淀为良好的村风村貌……英雄许家朋更是影响着一代又一代人：英雄的成长离不开生他养他的故土，英雄的事迹必然鼓舞着他的家族后裔继往开来。

习总书记要求我们树立文化自信，保护好青山绿水。我相信，《古村磡头》一定会在英雄故乡推进乡村振兴、打造旅游文化品牌进程中起到积极的促进作用。

热爱家乡，奉献桑梓，是磡头村的优良传统。我期望通过全乡人民的共同努力，早日把英雄故乡——家朋乡建设成美丽、和谐、幸福的乡村；也期望通过《古村磡头》的传播，吸引更多的有识之士投资这片热土，有越来越多的客人到家朋乡参观、游览。

家朋乡党委书记　王　毅

目录

第一篇

钟灵毓秀

第二篇

古迹遗存

第三篇
磡头民俗

第四篇
民间故事

第五篇

往事回眸

第六篇

礤头人物

第一篇

钟灵毓秀

古村磡头考析

安徽省宣城市绩溪县家朋乡磡头村，尽管地处皖浙交界的偏隅一方，却是闻名遐迩的“中国传统历史文化名村”。历史上磡头村的村名几经更替，名称从竹坑、汪丛园、涧洲、涧洲里、云川、磡头，至1958年改名为家朋村，一直延续到今天。其究竟是“建村600多年”，还是“千年古村”？至今依然莫衷一是。本文根据已搜集到的有限资料，作一考析，抛砖引玉，供读者思辨。

洪家年 / 摄

一、磡头村名的历史渊源

民国绩溪县知事宋履丰为1913年版《涧洲许氏宗谱》撰写的《涧洲村记》，开宗明义：“出梁安城，逶迤而东七十里，有村焉，曰涧洲，乃许氏望族也。村故名竹坑，相传乃祖许泰来于有明初叶登眺于此，见满坞白云，一川修竹，山明水秀，景物宜人，遂辟地居焉。”

涧洲许氏七世祖时泾（1544—1635）墓葬扬溪镇西山下村许家坟山，墓碑碑刻“云川村”，说明磡头当时亦称云川。

《唐昌许氏族谱·箕山支谱》载：明万历甲寅（1614）秋，月俊公五世孙名臣云：“正钦则远徙昌化，传九世至泰来公，则近徙坎（磡）头。”说明当时已有“磡头”村名。此谱中还记载：“庚戌（1730）之秋……偕族叔祖荣、侄璋往绩溪坎（磡）头（古号云川），穷源探本，别派分支。”此时，云川已成为“古号”，“绩溪坎（磡）头”已是正式村名。

1913年版《涧洲许氏宗谱》收录民国时期绩溪名流胡晋瀛先生撰写的《云川辨》说得更清楚：“云川者，绩东之村名也。宋吏部员外郎许透……至十六世孙泰来，由云川适涧洲。涧洲者即俗称磡头也。后又沿云川名以名之，不忘其本也。迄今涧洲称云川，自此始是。‘云川’二字为涧洲所独称，而下许村之人士遂去云川之名，改名霞川。”由此可见，“涧洲”之名古已有之，而非许金（1473—1551，字廷坚，号涧洲，涧洲许氏六世祖）号“涧洲”才改村名。

1785年《云川派涧洲里许氏世系演录》中称“涧洲村又叫涧洲里”。涧洲因涧溪而得名。涧溪不单指一条溪流，还泛指一片行政区域。清嘉庆《绩溪县志》：“元置十乡十五都……遵化乡，十四都一图、十五都一图。……遵化乡，邻里三：曰石门，曰借溪，曰新建。”这里的“借溪”（涧溪谐音）是指一个地域人口密集的中心地，即后来以磡头为中心的十五都区域。

二、涧溪辨

涧溪，释义为山涧溪流。十五都辖区内，山云岭山谷、牵牛岭山谷、借磡岭山谷、仙人庵山谷（仙人谷）、阳山凹山谷等处都有涧溪。有一部分溪流在磡头村北外水口泉坑口汇集流入涧洲河。发端于饭甑尖山谷、借磡岭山谷等的溪流在岩下村的借溪河汇集，它的左侧有仙人庵溪流、阳山凹溪流，右侧有小岭坞溪流、松木岭泉水溪流，各自汇入涧洲河。山云溪流（松木岭村人称山云河）流经松木岭村、水屋村、暮霞村、下许村汇入桐坑源河。78岁的岩下村退休老教师张玉木先生介绍，岩下村从建村到二十世纪七十年代，村内的河道一直沿用“借溪”名称，之后才将借溪改称涧溪，此处的涧溪已经被赋予一条河流的特定名称；借磡岭改作荆磡岭。

涧溪河，流经石巷口、石岸前、汪丛园村、磡头村，是古村磡头人畜饮水和农田灌溉的主要水源，无疑是古村磡头的母亲河。清嘉庆《绩溪县志》“宋置十乡二十六里……遵化乡，邻里三：曰石门，曰借溪，曰新建”中的“借溪”，指的就是以古村磡头为中心的区域。

三、优越的地理位置

一个族群迁居异乡，首要任务是依山傍水、安营扎寨，然后便是选择广袤处女地垦荒，种田种地，繁衍生息。古村磡头与相邻的竹里村仅一岭之隔，地理位置优于后者。究竟为何竹里村周姓始迁祖季爽公选择在三面环山、一面向平川的狭小山沟竹里居住，原因不得而知。竹里村出门三道岭，北向磡头岭，东向梅圩岭，南向四周庙岭，垦荒种田条件较差，利用空间很小。磡头岭海拔低于其他二岭，岭脚下土地肥沃、水资源丰富的农田全受磡头村管辖。翻越梅圩岭（比磡头岭高出三分之一）便是梅干村尾和梅圩岭下田畈几十亩水田，全是竹里村或移居梅干村的周氏后裔耕种的。磡头村王祥岭田畈、竹里村水田被磡头村第一村民组良田所环绕，足以证明在季爽公于竹里开村之前或同时，磡头村便有了他姓村民居住并从事农业生产。明洪武二年（1369），许泰来从相距5里的下许村迁居磡头开铁匠铺谋生，如果没有一定量级的村民们生产、生活的需求，他怎么维生呢？

四、磡头是“千年古村”吗？

清嘉庆《绩溪县志》载：“宋置十乡二十六里……遵化乡，邻里三：曰石门，曰借溪，曰新建。在城东北。”“元置十乡领十五都。遵化乡：十四都、十五都……明置七乡，遵化乡十四都一图，十五都一图。”在“村都”中明确各都经理区域：“十五都经理：水塘头、万富山、庵基坪、连坑、大岭脚、坪坑、和阳坞、水碓下、榧树坑、木料坪、石门口、党坑、坑上、周村、石碣、戈溪、子舍干、汪家店、纸盘、考坑、磡头、岩下、冬青岭、梅间、竹里、松树岭、上许村、鱼龙山、暮霞、霞水村、清潭下、胡村。”从宋代的“借溪”、元代的十五都，到明代中期，磡头逐渐发展成为十五都的中心村，这是地理位置使然，也是地域经济对社会发展的影响。宋代以来以“借溪”（涧溪）为中心，山云岭、牵牛岭、仙人庵、阳山凹一带，磡头是一块最大的盆地。饭甑尖、黄茅尖、门前岩、山云尖、台炮尖、磨刀石山，六山环伺；阳和屏、寿山屏、平顶山屏，三屏鼎立；文笔墩、狮子墩、塔岭墩、八卦亭墩、东山营墩，五墩分布；涧溪河、仙人庵河、溪中星河汇聚涧洲河……一岭之隔的竹里村，无论地理位置、地质条件、水资源、人口诸因素都无法与磡头村比肩。但磡头村在许氏中兴之前，少有文字记载。1913年版《涧洲许氏宗谱》记载的也仅限于许氏渊源和宗脉延续，并没有考证许姓落户前的村落状况。

据涧洲许氏八世祖校公（1553—1639）支脉谱手抄本（十九世裔孙水淦保存）记载，古村磡头在泰来公迁居之前，已有周氏居住，且村中的枫树林属周姓所有。

绩溪许氏博物馆馆主许家德的收藏品中有一册手抄本《云川派涧洲里许氏世系演录》，这是清乾隆五十年（1785）乙巳桂月涧洲许氏十二世孙本良“捡派演录至祠内祝版”，书中记载：“大明洪武二年，泰来公因赘涧洲里周氏，姑由云川迁涧洲，即今十五都墈头村是也。”

依据上述两册手抄本，说明人们对磡头村的文字记载，并不限于上溯至“明洪武二年，始祖泰来迁涧洲”时。且据祖辈口口相传，在这“竹坑”里，苦竹街村前的大石头桥原有“石巷口”，后被洪水淹没；平顶山屏脚下灰灶湾口唐末就有“汪丛园”（曾挖掘出墙基和砖瓦）。这些都能说明，1369年在泰来公迁来涧洲落户开宗立祠前，涧洲已是有其他姓氏居住的村庄。由此笔者认为，“建村600多年”应理解为许氏在磡头村的居住史有650余年之久。还可以推断，追溯到唐末并在宋元明时期成为十五都的中心村，磡头村的历史应在千年以上。

磡头村的历史不仅需要现有的书面史料记载的佐证，也需要文物考证以及口口相传的补充。我们相信，随着考古工作的推进和更多史料记载的发现，千年古村磡头必将逐步揭开它的神秘面纱。

磡头——徽州古村落的明珠

胡适曾经这样描绘古徽州：你信步走进一个山村，就能翻开一页历史；你随意踩到一块石头，就会触动一个朝代。绩溪县的磡头村就是这样一个神奇的村落。

磡头村位于绩溪县家朋乡境内门前岩下的山间盆地，地处天目山脉西段大嶂山麓。村庄平均海拔280米左右，村域面积约2平方公里，现有人口2000余人。这里山环水抱，四面青山尽收眼底。村外围有海拔千米以上的饭甑尖、黄茅尖、门前岩、山云尖、台炮尖、磨刀石山，六山环伺，势若擎天；村边有寿山屏、阳和屏、平顶山屏，三屏鼎立，宛如屏障；村中有文笔墩、狮子墩、八卦亭墩、塔岭墩、东山营墩，五墩分布，形同房基，形成天然的风水宝地。历史上文人雅士归纳出“涧洲八景”：甑峰毓秀、逢石作壶、石室清虚、岩存仙迹、屏开锦帐、峦回天马、洲涌金鱼、玉泉鸣珮，散布于村内外，犹如锦上添花，给村庄平添神奇的色彩。发源于小岭坞的溪流、松木岭的泉溪（又称“涧洲”“涧溪”，俗称“磡头河”）蜿蜒曲折而下，由南向北呈“S”形穿村而过，在村北的泉坑口与溪中星河、仙人庵河汇聚为戈溪河，是水阳江的源头。

磡头，原名“竹坑”。明代许姓迁入前称“涧洲”，许氏子弟为怀念祖居地，又称“云川”。宗支繁衍，村域扩展，村民就地取材，沿云川溪两岸依山筑舍，石坎遍村，进门就上坎，出门也是坎，俗称之为“磡头”。“磡头坎，上床三档坎”八字民谣，将磡头村跌宕起伏、崎岖不平的地形地貌描绘得入木三分。因纪念在抗美援朝战争中牺牲的一级战斗英雄许家朋，1958年，磡头乡更名为家朋人民公社，磡头村也更名为家朋村。

据1913年编纂的《涧洲许氏宗谱》记载，明洪武二年（1369），磡头许氏始祖泰来公相中了这块“云山拱秀、山水潆洄，八景回环，三屏分列”的风水宝地，遂从祖居地云川杏园梅树下（今霞水村）迁来此处开基立祠，历时650余年，繁衍成“千灶万丁”的岭南大村。村里的古建筑90%以上皆为明清时期或民国年代所建，历史上虽历经多次特大洪灾的冲击，但古貌依旧。磡头村南北长约1公里，中间大两头小，呈金鱼状，云川溪穿村而过。溪两岸用石板铺成水街，随地形设坎，沿河用花岗石护栏，河宽在6～10米之间，由麻石垒成的护岸高出河面3～7米，从村头到村尾水位落差近30米，溪水终年不断，日夜不停地撞击潭面，水声哗哗，仿佛弹奏着一首美妙的摇篮曲。沿水街两边分布的民居，白墙黑瓦，鳞次栉比，高大的马头墙层层叠叠，错落有致，掩映着纵横交错、深幽曲折的小巷。随意走进一座座古朴的宅院，均是“四水归明堂”、三间两过厢的二层楼结构。斗拱飞檐，窗棂槅扇，雕梁画栋。厅堂摆设条几、八仙桌，悬挂匾额、字画，体现出鲜明的古徽州宗法、礼学传统。“一溪流水似长虹，十桥横亘如云梯”。走进磡头，一步一景，移步异景，令人陶醉。清人宋履丰（曾任绩溪县知事）游磡头村后写下《涧洲村记》，高度评价道：“有明一代梁安称文物之盛者，推许氏村为最。”据安徽省建设厅高级工程师罗来平考证统计，磡头村水街两侧有10巷（今整理出24巷，挂牌为旅游景点），村头到村尾有10座古桥，10座古祠，5座古庙，5处古碾（水碓），4座古坊，1座古楼，还有28处取水石磡。罗来平赞叹磡头是“徽州古村落的明珠”。

明代后几经重建、修缮的许氏宗祠，现为省级文物保护单位。堂构巍峨，五间五进，后进过金水桥，两边拾级而上进享堂，气势恢宏，在古徽州迄今保存较好的明代祠堂建筑中堪为上品。尤其是宗祠的大门外耸立着的石牌坊“节妇坊”，四柱三门五楼，在封建社会都极为少见。这座皇帝“恩赐”坊，是为表彰许氏六世祖许金祖母章义体“守节抚孤”而建，彰显了磡头许氏对女性含辛茹苦抚养后代的敬重。祠堂外沿水街还有一座“听泉楼”，悬挂清咸丰年间县令王峻题赠的《听泉》匾额，楼角悬挂风铃，随风辨铃声可知天气变化。夏天斜倚在“美人靠”上，任凉风吹拂，听楼下水声如击珮，捣衣声阵阵，惬意无比，此为“涧洲八景”之一的“玉泉鸣珮”。村中间的“怀恩堂”为明代武宗皇帝敕广西都司正断事许时润建的居第，七檐门楼，两边建有钟楼和鼓楼，大门前辟半亩方塘，形如半月，名为“伯雨洗砚池”（伯雨是许时润的号），门楼上有“赞理戎政”石匾，至今犹存。武宗皇帝还在水街上“恩荣”敕建了百粤司平坊，嘉奖“铁面都司”许时润。

磡头是以许姓为主的大村（90%的村民为许姓），许氏被誉为“忠烈世家”，唐代有“忠烈王”许远，宋代有抗金英雄许寿，抗日战争、解放战争牺牲的革命烈士有许德如、许灶益等，中华人民共和国成立后又涌现出战斗英雄许家朋。在抗美援朝战争中，许家朋用胸膛堵住敌人的机枪口，为后续部队打开通道，赢得胜利，牺牲时年仅21岁。中国人民志愿军总部追记他“特等功”并追授“一级战斗英雄”称号；朝鲜民主主义人民共和国常务委员会授予他“朝鲜民主主义共和国英雄”称号。1973年，为纪念许家朋烈士牺牲20周年，家朋公社在村边社屋山建造了许家朋烈士纪念碑，1989年8月，此碑被安徽省政府批准列入第一批省级重点烈士纪念建筑物保护单位。2009年在社屋山山脚新建了300平方米纪念馆和1200平方米的纪念广场。2012年开始，绩溪县委、县政府将这里扩建为“绩溪烈士陵园”。现在这里已经成为省、市级国防、爱国主义教育基地，传承着红色基因。

磡头村的民俗活动很丰富，祭祀汪公大帝和忠烈王许远的庙会活动，一直延续至中华人民共和国成立之初，从而衍生出闻名遐迩的“磡头大鼓”，现已被列为省级非物质文化遗产；徽剧、黄梅戏表演为十里八乡群众带来无穷的欢乐；祈祷“五谷丰登”的“安苗节”，演绎出家家做包做粿的传统风俗。随着旅游业的发展，“油菜花节”已举办了十四届，享誉省内外。传统的飏灯被列入市级非物质文化遗产，放飞着磡头人对美好生活的期盼。磡头村以优美的自然景观和丰厚的历史文化遗存，2009年被安徽省政府评定为“历史文化名村”，2019年入选第七批“中国历史文化名村”。

磡头村属绩溪县最边远的村镇之一。从元代设十五个都时，即为十五都的中心村。虽然土地贫瘠，生活艰难，但是磡头人凭着勤劳和智慧，不仅在这块贫瘠的土地上营建出皖南少见的宜居环境，而且以磡头为中心，铺设了通往浙江、宁国、荆州、华阳的石板路道，使磡头成为岭南通衢、商贸集镇；改革开放后，又相继开通了四通八达的公路。家朋乡紧紧抓住机遇，大力发展以山核桃为主的经济林产业和以家朋村、尚村、梅圩岭为重点的旅游业，带动了全乡的发展。随着社会主义新农村建设的全面推进，磡头，这颗徽州古村落的明珠，将焕发出更加耀眼的光芒！

磡头村水口的变迁

水口，顾名思义，是指州县、村落等的水流进出口。古徽州一些有点名气的村落都有水口庇护，所谓“藏财纳气”。水口一般都有几个要素，即古木、古桥、古庙（或亭阁、塔）等。不少村落水口古木参天，把村庄遮掩得严严实实。村落水口可以归纳为山水自然型、人工营造型和两者结合型。

磡头村水口三次外移见证了村庄的发展历程。磡头村原名涧洲，自许氏始祖泰来公于明洪武二年（1369）迁居此地后，子孙繁衍日盛，沿涧溪两岸不断扩展，民居层层叠叠，下河有石坎，巷道有石坎，甚至入室也有石坎，“磡头坎，上床三档坎”，故名磡头。明万历年间，许氏六世祖许金建造了阳川桥（俗称“祠堂桥”），成为磡头村的“水口桥”。阳川桥与另外五座石

洪家年 / 摄

拱桥，犹如涧溪上的六道彩虹，架设起两岸居民的便利通道。阳川桥的东南面就是恢宏的许氏宗祠，高耸的节妇石牌坊屹立桥头，桥的下首是听泉楼（涧洲八景之一），石板铺就的水街沿两岸伸展，美轮美奂。其后，村庄扩展，水口成了村中心。水口外（古名“苦竹坑”）日益繁荣，因此清康熙、雍正、乾隆时期，村北水口移至狮子墩下，建聚秀桥为水口桥。桥东侧建“汪公庙”，西侧建“太子庙”。狮子墩上一株300多年树龄的樟树，遮天蔽日，如巨大的华盖遮住村庄。桥下溪水潺潺，桥上每逢庙会锣鼓喧天，铳炮震耳，銮驾簇拥着抬太子的队伍沿水街巡行，热闹非凡。清道光年间，磡头许氏十五世祖许垂佩倡议村民集资在村水口外300余米处，建“汇南第七桥”（今称“新桥”）为村口桥，形成今日老村区的格局，但未形成水口，村水口依然在狮子墩下。令人遗憾的是，那株需要七八个小孩手拉手才能围抱住的大樟树，在二十世纪九十年代，因孩子玩火，引燃樟树下的稻草堆，毁于一旦。

磡头村的前2个水口都是人工营造的，也许是考虑到人工营造的缺陷性，抑或考虑村庄的长远发展，第3个水口直接延伸到离村2里外的泉坑口。这是一处天然的水口。东面的寿山、屏石山犹如巨象，与西面似趴伏狮子的五帝山紧紧锁住狭小的山口，从磡头方向奔腾而来的涧洲河水、仙人谷水与从和阳出来的溪中星河水在泉坑口汇合，流向戈溪，出高培村，汇入金沙河。逢涨水时节，三河之水如三条巨龙翻滚，涛声响彻山谷，令人心惊胆战。而平日，清流缓缓，犹如绿缎飘拂。从隘口进入，豁然开朗，只见良田百亩，阡陌纵横；远眺“甑山毓秀”，门前岩像一座巨大的屏障立于天地之间，仙人谷幽深莫测，“峦回天马”如入仙境。尤其是春日，寿山、屏石山上映山红团团簇簇，山脚下的寿山桥上绿藤垂挂，山、水、桥构成一幅绝美的图画。桥上游转弯处，溪中星河水冲向山脚，被阻后转向冲往对面凸起的山崖，形成巨大的漩涡，把河湾冲刷成镰刀一般的金钩形状，引河水折向寿山桥，谱称“金钩卷镰”，令人叹为观止。明代许氏七世祖许时清相中这块风水宝地，在寿山屏对面的河边建造了“寿山庵”，山脚处建造了“寿山桥”，并在桥头不远建造了“白塔寺”，成为远近闻名的胜景。

有诗为赞：青山不墨千秋画，绿水无言万古琴。涧洲形胜世间少，留得骚客驻足吟。

磡头许氏宗祠的前世今生

涧洲许氏宗祠，始建于明正德年间（1505—1521），宗祠堂名“叙伦堂”。具体建造时间、祠宇规模和遭回禄倾圮的情况不详，《涧洲许氏宗谱》只记载了重建经过。

明嘉靖卅一年（1552）秋，涧洲许氏六世祖许金倡议，“自出酒不靳千百缗，于家之南拓地为宗祠。横八寻，深倍之，中为一堂，颜曰：叙伦”。历时四年，于嘉靖丙辰（1556）冬落成。宗祠建筑面积进深50.865米，开间23.45米，布局五间五进。宗祠门楼下为“善举厅”（为他乡之客流落病死在本地备棺验尸入殓之场所）；进入许氏宗祠大门即为坍墀，南北两廊庑；越过坍墀，上3级石阶，踏进中堂，即祭典大厅“追远堂”（原为“叙伦堂”，因虑及重名后更名为“追远堂”）。大厅后进，穿越“金水桥”，过“金水河”，登17级台阶，可登享堂，里面供奉着历代祖宗牌位。

宗祠坐东南面西北，分设五门，三门通顶。宗祠中堂南侧建有“特祭祠”，供奉一世祖泰来公的岳家、姻方周氏及接待后裔。坍墀西侧紧邻“听泉楼”，可沿梯登上“椿园荫荐”楼屋阁层。“听泉楼”，俗称“水阁楼”，初建于嘉靖三十五年（1556），骑东水街河塝建造。

清咸丰十一年（1861），太平军残部进入磡头村，驻扎三年，在宗祠里习武、练功，毁坏了部分木雕构建。1928年，许氏十九世孙许家斌征得县府同意，在宗祠内兴办小学，一直到二十世纪宗祠都被用作“磡头村学校”，后收归县立完全小学，更名为“家朋小学”。1971年家朋大队组织拆除宗祠后进享堂，改建成两层砖木结构教学楼。1982年又由家朋中心小学自行组织拆除宗祠前进（门楼及“善举厅”），改建为二层砖木结构教学楼。

1986年9月，绩溪县人民政府颁布128号文件，批准公布第一批重点文物保护单位，磡头许氏宗祠名列其中。即使如此，当时文物保护尚未成为一种自觉行为。1995年春，原由后进享堂改建的教学楼又被拆除，在原址上重建钢砼结构三层教学楼。1996年，绩溪县文物管理部门展开“追远堂”修漏工作；2004年，再次组织对“追远堂”进行防漏维修，对局部腐烂的木质脊椽做了更换，对全部小青瓦进行了除破添新翻盖。笔者还仿照“追远堂”东壁上许家斌书写的“孝廉”字体，在西壁上补填了已模糊不清的“忠节”二字。这些小补小修，已经散发出文物保护的春天气息。

进入21世纪，历尽岁月洗礼和风雨侵蚀的许氏宗祠终在危机中迎来了生机。生于斯长于斯，借改革开放的东风创业致富的许氏十九世孙许家德先生，怀着一颗崇祖敬宗之心，从2010年开始着手宗祠的重建。2012年由家朋乡政府牵头成立重建涧洲许氏宗祠理事会，时家朋村村委会主任许利担任会长，许大前、许传成、许家德、许家荣等人担任副会长，积极争取省市县文物管理部门的支持，广泛动员许氏后裔筹集资金，启动宗祠重建工程（笔者参与了设计、监督工作）。前后历时四年，耗资一百多万元，终于完成了宗祠前进和中进的修复，并对外开放，成为磡头村一大旅游景点。

（许传成）

涧洲许氏　忠烈世家

受儒家的影响，忠君报国思想深入中国人的骨髓，转化为一种自觉的行动。1913年编纂的《涧洲许氏宗谱》，开篇八字："涧洲许氏，忠烈世家"，这份荣誉在全国的宗谱中都是少见的。

许氏盛于高阳（今河北保定），唐宋八大家之一韩愈的《远公传》，大儒朱熹的《远公后传》，均记述了唐高宗右相许敬宗玄孙许远为阻击安禄山叛军肆虐江淮、威胁京城，与张巡死守睢阳城的事迹。

当时许远任睢阳太守，他的官职高于张巡，但却是文官出身，知道自己带兵打仗的本事不如武将张巡。许远心胸开阔，主动让贤，甘当张巡的副手。他对张巡说："远懦，不习兵。公智勇兼济，远请为公守，公请为远战。"两人同心协力守城，可由于兵力悬殊，且久被围困，外无援兵，弹尽粮绝，最后城陷被俘，双双殉职。肃宗皇帝感念许远、张巡之忠，不仅敕建"双忠庙"，还敕封许远为荆州大都督。宋高宗绍兴十七年（1147），许远更被追封为忠烈显圣王，赐庙食祀。

无独有偶，至南宋，许氏又有追随岳飞抗金的英雄许寿。许寿是云川大桥（今霞水村）始迁祖许透的玄孙，字仁山。从小习武，膂力绝人。他的父亲六严公希望他好好读书博取功名，但是他回答父亲："人各有志，班超投笔从戎何其壮哉！我想学孙吴那些好汉，运筹帷幄，斩将搴旗，并不喜欢舞文弄墨。"金兵入侵时，他听说岳飞领兵抗金，就前去投奔。因为许寿作战勇敢，每战争先，深得岳武穆器重，被封为"投苏将军"。他善待士兵，艰苦与共，士兵们都很敬佩他，愿意跟着他打仗，因此所向披靡。绍兴十六年（1146），许寿的部队被金兵围困，粮饷俱绝，眼看部队溃散，许寿振臂一呼，单枪匹马冲入敌阵，斩杀敌军将士百余人，震退金兵。但是金兵很快察觉宋军既无外援，且弹尽粮绝，再次围攻上来。其时许寿人困马乏，他反复冲进敌阵厮杀，拼至力竭，被敌将斩下首级，然而许寿精魂不灭，骑在马上久不坠落，金兵吓得抱头鼠窜，疑为神人。宋高宗赵构闻报十分伤感，四天不上朝。他下令敕封许寿投苏王爵，加封其祖为忠烈王，故臣许远为忠烈显圣王，并在许寿的家乡云川（今霞水村）敕建廻龙庙。

清咸丰年间，爆发太平天国起义。被清军击溃后，许多起义军成了流寇，四处烧杀抢掠。咸丰辛酉（1861），太平军流窜至磡头，涧洲许氏十八世孙许鸿允（字伯孚，号琴樵），召集有胆识的村民在险地门前岩的山腰据石岩为卡，保护村民避乱。太平军围攻二十七昼夜，伯孚公每战争锋，不避锋镝。但是太平军人多势众，守关卡的村民们饥寒力怠，形势十分危险。有人劝伯孚公快走，不要死扛。伯孚公说："危及社稷，吾将安避？且吾壮固能走，彼老弱而不能走者，将何之益？"誓守不去，终因筋疲力尽战死阵前。受伯孚公的激励，村民们奋勇抵抗，昼夜巡逻，硬是击退了围攻的太平军。许伯孚的事迹被上报后，"诏祀忠义祠"。后来只要村里有人口角争斗，长辈们就会奉劝："你们对得起伯孚公吗？"争讼就会平息。

宗族的血性绵延不断。自近代抗日战争以来，涧洲许氏相继又有8位烈士为国捐躯：1938年，许德如、许灶益在抗日战争中牺牲；1947到1948年，许庭璋、许家声、许福元、许家武在解放战争中牺牲；1951到1953年，许吉灶、许家朋在抗美援朝、保家卫国中牺牲。许家朋被追认为朝鲜民主主义共和国英雄，获朝鲜"金星勋章""一级国旗勋章"；中国人民志愿军司令部授予他"特等功臣"表彰和"一级英雄"称号。今天的家朋乡就是以英雄的名字命名的，磡头村也更名为家朋村。

从1940年新四军在皖南播下革命种子，磡头许氏后裔前赴后继参加革命队伍，涌现出一个家族多人加入新四军游击队的壮举。据族谱中数据统计，仅磡头村就有30多人加入了革命队伍，他们为绩溪的解放事业作出了巨大的牺牲，甚至有全家为革命事业献身。

“涧洲许氏，忠烈世家”，这种光荣传统，化为爱国热情，仍在代代相传。

“怀恩堂”怀古

磡头是绩溪众多乡村中人文积淀最为深厚的村落，民国绩溪知事宋履丰游历了磡头村，写下《涧洲村记》，赞叹说：“有明一代，梁安文物之盛者，惟许氏村为最。”而在磡头村文物遗迹中，最值得称道的除了许氏宗祠，就是怀恩堂了。而今许氏宗祠已成为安徽省文物保护单位，怀恩堂却破败不堪，成了遗址，着实令人扼腕。

怀恩堂是涧洲许氏七世祖许时润奉旨建造的。许时润，字伯雨，号云川，由太学生累官至广西都司正断事，为官三十载，清节自持，刚直敢言，不避权贵，赢得“铁面都司”之誉。民国二年（1913）涧洲许氏编修宗谱时，朱瑞麒在《怀恩堂祠记》中介绍说，许时润“晚岁乞假归里，武宗念其功，赐建居第，并敕建七檐门楼，以为门闾光，君臣际遇，一时称盛焉”。许时润建造了五间三进、上千平米的居第，七层门檐上还镶上了由时任钦差提督两广军务兼理巡抚兵部侍郎兼都察院右佥都御史谈恺题写的石匾“赞理戎政”。门前由广西人赠送重约400公斤的石英石鼓一对分列两旁。许时润

钦差提督两广军务兼理巡抚兵部侍郎兼都察院右佥都御使谈恺为怀恩堂所题匾

亲自命名“怀恩堂”，以示不忘皇恩。怀恩堂大门两侧修建了钟楼和鼓楼，大门前还辟建了160平米的半月池（俗称“伯雨洗砚池”）。时润公去世后，怀恩堂成了许氏支祠。

小时候，我们一群孩子经常在钟楼下面玩耍，钟楼上面是一个亭子，夏天可以在上面乘凉。半月池中种了荷花，鱼儿不时跳跃，荡起阵阵涟漪。中华人民共和国成立后，怀恩堂成了队址。我五岁那年，正遇三年困难时期，父亲在外面工作，家里没有劳动力上山挖蕨根，附近的树叶、树皮都吃光了，连屋瓦上的“麻子甲”（一种可以吃的植物）也吃光了。一天我实在太饿了，在离家不远的田埂上偷偷地用牙齿咬断了两根青豆，被队长捉了个现行，扣了我和母亲一天的口粮（半斤粥）。我和才两岁的妹妹饿着肚子睡下后，母亲到怀恩堂去跟村干部求情。烘在火桶上的尿布烧起来，也引燃了靠近的柱子，好在母亲回家，及时浇灭了火。后来母亲说，开门就见烟雾很浓，真烧起来，你们兄妹性命不保。这件小事铭刻在我心里一辈子。

建于明正德年间的怀恩堂鼓楼

1973年，我进县城绩溪中学读完高中最后一个学期就离开了家乡，后来回家时，钟楼拆除了，队址改成了食品厂。改革开放后，怀恩堂卖给了附近的农户。2020年修宗谱，我和新民到怀恩堂寻踪，请许跃光拍摄了横卧在大门边的“赞理戎政”石匾和半月池。我站在半月池边，心情久久不能平静。时润公当年何等荣光，建造了这处“为门闾光”的居第。可以想象，这座支祠里聚集的时润公一脉的宗亲们一定是非常虔诚的，也是非常自豪的。而今这里仅剩下将要倒塌的鼓楼，连他精心选择的和阳许家坟山的墓地也年久失修，真是沧海桑田啊！但时润公可以欣慰的是，几百年过去了，磡头不仅成了“徽州古村落的明珠”，而今正朝着欣欣向荣的新农村大步迈进。

我期待着，期待许氏的后裔重建怀恩堂，感怀历代先人的辛勤创造，感怀祖国的日益强盛。即使怀恩堂一去不复返了，但时润公永远是立在许氏后裔心中的一座丰碑！

八卦亭的变迁

磡头村枫树林的东南方向，有一座孤立的山岗，突兀耸立在石岸前与磡头村的中间，古人称“渔夫背舟”。从我记事起，那上面就是一座医院。上百级石阶缓缓而上，石阶两边是竹子和树木，养心怡情。

据民国胡宣铎写的《八卦亭记》介绍，明代涧洲许氏七世祖时润公有五子：楠、枢、校、梧、机，个个有出息。长子楠，直隶州广平府经历，广东海阳县县丞；次子枢，山东衡府典仪；三子校，恩贡生，礼部儒士；四子梧，岁贡生，嘉兴海盐县教授；五子机，礼部儒士。八卦亭是三子许校所建。许校，字元教，号青阳。年十五应童子试，补郡学弟子员，但是举明经后，数试不中，从而厌恶科举，回家在“渔夫背舟”岗上修建八卦亭。亭子有上下两间，上间设龛祭祀，下间讲学。登亭四望，水抱山环，“八景”分布，如八卦样，故取名“八卦亭”。青阳公静心读书讲学，“一时门墙极盛”。青阳公生三子，他忧虑子孙不能克绍书香，特设立“生员租”，培植后人。

八卦亭毁于何时已不可考。读书声沉寂了许多年，中华人民共和国成立后，为解决农村缺医少药状况，填补边远山区医疗机构空白，1953年，县人民政府拨款，在八卦亭墩设立磡头中心卫生所，1958年改名为“家朋卫生院”。1963年失火，医院除厨房和厕所外，全部烧毁，损失惨重。1964年，徽州行署拨款重建。

斯人已去，八卦亭上的琅琅读书声犹在耳边。“渔夫背舟”仍行驶在历史的长河中……

听泉

记得孩提时，每到炎热的夏夜，母亲常牵着我的手，到村中心的听泉楼去乘凉。大人们谈天说地，孩子们像听神话故事般入迷。凉风穿过临河而立的听泉楼，檐角的铃铛不时发出“叮铃，叮铃”的串串悦耳响声。大人们听着铃声，议论着明天的天气，原来那悦耳的铃声能预报天气。楼下是孕育我们祖祖辈辈的母亲河——涧洲河，月光下清冽冽的泉水会发出鸣琴般声音，潺潺不绝，但孩提时的我并不懂得“听泉”，只是觉得好奇。

枕着母亲河的水声，我长大了。随着知识的增长，我对故乡，尤其是那座曾神奇地吸引着我的听泉楼，不断滋生着审美的兴趣。我的老家是以志愿军“特等功臣”“一级战斗英雄”许家朋命名的家朋乡磡头村，英雄的故居离听泉楼不足百米。我曾遐想，英雄的孩提时代也许同我们一样，那无数的夏夜也是在这听泉楼里度过的。听泉楼下的泉声伴随着他走上硝烟弥漫的战场，是清甜的母亲河哺育了一代英雄。

竖琴似的母亲河把我的家乡磡头村分成狭长的两瓣，听泉楼正好立在村子的中段，它是家乡“八景”中最美的所在。楼为四柱凌空两层挑檐式，背靠许氏宗祠，临河建在高高的河塝上，檐角挂着四个铃铛，随着风向发出不同的声音，与楼下涧洲河泉声相呼应，古称“玉泉鸣珮”。

听泉楼始建于明嘉靖三十五年（1556），曾被清道光十七年（1837）的洪灾冲毁。如今保存下来的这座楼是村人集资重修的，距今也有一百多年历史了。清咸丰己未（1859）仲夏，当时的绩溪县令王峻撰写的《听泉楼重修记》匾牌悬挂在临河一面的亭子正中间。建楼有何意？据传，古人利用谐音，“听”为“定”，“泉”为“全”，意在村民居住河边稳定安全，寓意吉祥。听泉楼的上首有座10米宽的古石拱桥（阳川桥），桥下怪石争奇，泉水淙淙，一楼一桥相映生辉，构成一幅独特的人文景观。听泉楼临河一面有扶栏凭依，供游人休憩。凭栏俯瞰清泉从桥下缓缓流出，遇石碣急冲而下，水花四溅，犹如翡翠在石头上摔得粉碎；过浅滩则绕石穿行，慢慢打着漩涡，像是飘动着一匹柔软的绿绸。扶栏距河谷约有7米之高，却水清见底，鱼儿嬉戏追逐于石罅之间，不时在水面上扑出几串浪花，瞬间又消失得无影无踪。阳光照射水面的时候，只见岸上景物倒映在如镜的水中，波光又折射到石头、石塝上，蓝天在水中，楼在水中，人在水中，似乎天与地、人与景都在不停地晃动，宛如幻境。

听泉楼顾名思义，体验最深的是盛夏听泉。

中午时分，骄阳似火，飞鸟匿迹，蝉儿躲在树荫里唧唧切切，催人入睡。凭栏而立，抬头便见到对岸沿地势向上延伸扩展、鳞次栉比的明清徽派建筑，阴暗分明，像是一幅古老的风景画。人在画中，只觉凉风拂面。闭目凝神，潺潺水声不绝于耳。那声音初时平淡，慢慢便体验出它的旋律不断变化，随心所至：时而哗哗，如轻擂大鼓；时而铮铮，如抚琴低吟；时而咕咕，如蛙鸣涧底；时而嘤嘤，似鸟鸣林间……轻拢慢捻皆成曲，如泣如诉总关情。间或有村妇下河浣衣，传来“啪、啪”清脆的捣衣声，不一会儿，捣衣声又从远处的山谷间转回。檐角的铃铛随风而动，不时地发出“叮铃，叮铃”的声响，捣衣声、铃声汇成一首“应山曲”……这样的意境，身处其中，你哪怕有百般疲倦，万种忧愁，也会烟消云散，身心有一种说不出的惬意。斜倚扶栏听泉鸣，那轻柔的吟唱，即使你走遍天涯海角，也永远不会忘却。

听泉楼下的泉水永远是清新的，只是那座楼已经不堪风吹雨淋，整个楼势明显向外倾斜。我真担心，有朝一日，它会一头栽下河去，带走一个美的存在。

二十四巷

磡头村始建于何时，今人仍在探讨考证中。我们今天说的磡头村许氏主要源于涧洲许氏始祖泰来公于明洪武二年（1369）从云川大桥梅树下（今霞水村）迁至磡头开宗立祠，迄今650多年。而在民国时期，就有了“吾邑多著姓，而许氏其一。许氏多王宗，而涧洲为盛”的美誉。且不说“三屏五墩，六桥八景”，其景致绩溪无出其右者，恢宏的许氏宗祠，巍巍的门前岩、饭甑尖，神秘的仙人庵，穿越云际的“皖浙天路”，高耸的许家朋烈士纪念碑，跌宕起伏的磡头水街，深邃幽然的古巷……无愧为“徽州古村落的明珠”。走进磡头，人们不仅能领略到大自然的美，更能感受到深厚的徽文化底蕴。

磡头的古巷曲曲折折，且每一条古巷都有一个动人的故事。笔者不才，忝有“磡头通”之美名，整理出的“二十四巷”，以期为研究磡头村历史提供一些史料。

春晖巷，始于六桥之一的永安桥，中部与殷家巷、怀恩堂、章家坦、来苏巷、端卿路相通。北接祠上巷、崇也路、祠下巷，全长400米。巷名源自唐诗孟郊的《游子吟》：“谁言寸草心，报得三春晖？”

殷家巷，系磡头殷姓的集聚巷。西临水街，南连春晖巷，长54米。

时润巷，从东水街到怀恩堂（遗址），长46米。许时润为磡头许氏七世祖，由太学生累官至广西都司正断事，为官三十载，刚正不阿，两袖清风，有“铁面都司”之誉，退休后奉旨建居第“怀恩堂”。

怀恩堂巷，从东水街入口，经鼓楼、半月池，接春晖巷，长300米。许时润建造怀恩堂三进五间，有七层门檐，两边设钟鼓楼，前辟半月池（俗称“伯雨洗砚池”），今仅存钟楼、半月池和“赞理戎政”石匾。

来苏巷，从东水街的乌龟石潭起，东行接春晖巷，并入端卿路，长74米。清中期，绩溪名儒方竹后裔冬青岭人方斯乐来磡头开国药店，号“来苏堂”。因其医术高超，“来苏”堂号与巷共存。

大夫巷，从水街的聚顺桥东侧到“大夫第”旧址，长69米。“大夫第”是许桂的宅第（已拆除改建）。许桂曾任长沙茶陵州知州，历任广东按察使，以才干见称。

廉让巷，从水街聚顺桥东端路口到许锡璜宅，长56米。许锡璜出遗财建支祠，倡建石桥，服务乡梓，为民敬戴，其住宅楼上题“祥云引秀”，外题“廉让清风”，巷道附近居民见贤思齐，廉让成风。

祠上巷，位于许氏宗祠上首，从三德桥东端起至东山营墩，长90米。居祠堂边上的许氏十五世祖培政公让地8尺修祠，族人称颂。其孙沛苍独资修建天助桥（俗称“葫芦潭桥”），沛苍子松馥又领头修建普济桥（俗称“戈溪桥”），美德代代相传。

祠下巷，位于许氏宗祠下首，长172米。磡头许氏建有13座祠堂，许氏宗祠是总祠，号“追远堂”。

怡荪巷，从东水街许家朋烈士故居南侧进入，到许怡荪故居“麒麟阁”，接光台巷后通枫树林，长54米。许怡荪是磡头村第一位留学日本的高材生，与胡适为挚友，曾帮助胡适走出人生迷惘，成就伟业。

光台巷，从东水街“读菊庐”到枫树林，长约百米。许光台是清乾隆四十八年（1783）癸卯科武举人，诰授“武德骑尉”。父、兄、子、孙三代均为“武术世家”。

神童巷，从东街德育文化广场起，经许在文故居“八家老屋”到“四家老屋”，向北经赤豆干，连接安居巷，向南达枫树林，长约百米。磡头许氏十五世祖在文公，三岁识字，八岁能文。虽未能中举，却精通医术，救人无数，且著作颇丰。曾参与纂修乾隆丙子《绩溪县志》。其次子许会昌，九岁能诗文，时人呼为“神童”，乾隆六十年（1795）乙卯科举人，现有诗集留存。

汪公巷，从聚秀桥东侧的汪公庙起，经望街楼，沿小河坑边路拐到磡头至和阳公路，南拐到家朋乡政府，长约200米。巷名源于“汪公庙”。磡头村聚秀桥东南，曾建“汪公庙”供奉汪华神像。

安居巷，北接磡和公路，沿西侧围墙曲折南行，经小坑桥南空坦、“四家老屋”旧址，接光台巷，抵枫树林，长200米。巷名寓意“择里仁为美，安居德有邻”。

明泰巷，泰来巷下第一巷。位于明泰坞口，东起涧溪上的砼平板桥，西通停车场，延伸到088县公路。此地可通“涧洲八景”之“屏开锦帐”“銮廻天马”和“狮嘴啸天”等景点。

白果巷，该巷位于白果树（银杏别称）下，为涧洲许氏景潜公派后裔聚居地，人口稠密，过街楼较多，道路狭窄，崎岖不平。许氏十四世祖光荣公携妻带子迁居金沙干坑口（今曹龙村），沿用老家“白果树下”名，以示不忘祖。

锦衣巷，东接涧溪上的砼平板桥，西通磡胡公路，与来苏巷隔河相望，长103米，因出官宦较多，故巷名“锦衣”。

下门巷，从聚顺桥西行，经景潜公祠，与锦衣巷互通，长42米。磡头许氏分上下门两大派，此地居住的都是景潜公下门派后裔，故名。

上门巷，过“上门桥”（即三德桥），经景滢公祠，过街楼等，登百级石坎，通磡胡公路，长115米。景滢公为上门祖，此巷经景滢公祠，故名。

金公巷，涧洲许氏六世祖许金建有“许金家庙”，此巷经家庙后过街楼，登石级通磡胡公路，长225米。许金时为绩溪富商，一生行善颇多，名扬县内外。

星辉巷，从听泉楼对面的西街入口，经“节孝坊”“德星堂”“硕笃堂”

后，登数十级石坎到星辉公祠，过街楼接入金公巷通磡胡公路，长约300米。许星辉是涧洲许氏景滢公派十七世祖，习岐黄之术，医德为人称颂，其后裔建“星辉公祠”，门楼砖雕十二扇十分精美。

文用巷，从艮宫桥到锦荣堂，长仅17米，是二十四巷中最短的巷道。涧洲许氏景滢公派十三世祖文用公，乐善好施，孝友勤俭，治家有方，时有安徽学政徐立纲赠匾额“贡树分香”，并额其堂“硕笃”。乾隆辛丑（1781），适文用公五秩寿庆，绩溪县知事刘嗣焕赠匾“德音是茂”贺寿。

太子巷，从聚秀桥起，经太子庙、狮子墩到龙山岗，接磡胡公路，长近300米。汪华生九子，皆有赐封，故徽州民间建有很多太子庙。清乾隆年间，磡头许氏在聚秀桥西侧建太子庙，供奉三太子、三诸侯、三相公神像，并有太子会祭神活动，后损毁。

樟树巷，磡头村口，东接运亨路，经多级石坎到樟树下，通磡胡公路，长110米。村水口的大樟树，树围要七八个小孩子手拉手才可环抱，亭盖半个水口，有300多年树龄，1994年11月被儿童玩火焚烧后枯死。

（许传成）

磡头村的路与桥

磡头地处绩溪边远的山区，距县城约50公里，距浙江临安的仁里约30公里，过去山路遥遥，跨河过涧，交通十分困难。但是历代的十五都山区人民不畏艰难险阻，靠着勤劳、智慧和原始的工具以及双手，铺设出了通往四个方向的六条石板路，在三条主要河道上架设了十多座石拱桥和无数简便桥，把磡头建设成了十五都的交通枢纽，江南的贸易中心。

据许晓骏在《磡头志》中整理，西南方向（俗称“出外节”）有2条路。其一，经竹里、霞水村、西川、北村、仁里、临溪入歙县抵徽州府城，全程约65公里，古称“登源古道”，为绩溪县9条古道之一。在霞水村到西川路段，明代许栋修建了“清潭桥”。其二，经竹里、霞水村、西坑、半坑，越门茶岭到大石门，过扬溪、十里岩抵绩溪县城，约35公里。东南方向（俗称“过荆州”）2条路。第一，经岩下村，攀越荆磡岭到荆州的上胡家，约10公里，岭上有供路人休息的路亭。第二，经方家村、仙人庵，越长岗岭到荆州小九华（长岗岭部分为土路），约10公里。清末，磡头人许观亮在长岗岭脚修建有两座石条桥，2021年，许家德修建了“庵德桥”。东往浙江昌化（俗称“过昌化”），经和阳坞越峤岭到仁里（现属浙江临安市管辖），全程约15公里。这段路上有明代磡头人修建的“汇南第七桥”（亦称“新桥”），以及清末许沛苍修建的“天助桥”（俗称葫芦潭桥）、石街桥、惠济桥。北去宁国方向（俗称“下宁国”），经戈溪、大河口茶亭抵达38号桥，往宁国，全程10公里。这是古徽州府通宁国府的“徽宣驿道”。此路上有“寿山桥”、普济桥（俗称戈溪桥）、滨川桥（俗称兵坑口桥）。路和桥构成了磡头村通往外界四面通达的交通网络，为磡头村的生存发展作出了不可磨灭的贡献。

磡头村从村头到外水口（泉坑口）有13座桥，在全县绝无仅有。村中至今保留着6座明代建的石拱桥（1991年“7·2”洪灾冲毁5座，灾后重建，恢复了原样），依次为聚顺桥、三德桥、聚秀桥、阳川桥（俗称“祠堂桥”）、艮宫桥（因此桥就在许家朋烈士家门口，又称“英雄桥”）、永安桥（另有三座钢筋水泥简便桥）。磡头跨河到石岸前也有石桥（为唐姓村民修建）。原村水口向外拓展后，又有汇南第七桥（俗称“新桥”），往周村方向约1华里，有天助桥（俗称“葫芦潭桥”），泉坑口有寿山桥。寿山桥是明代建的唯一一座全部由河卵石搭建，没有任何黏合物的石拱桥，历四百多年风雨屹立不垮。

进入二十世纪八十年代，改革开放的步伐不断加快，“要想富，先修路”。在家朋乡党委、政府的主导下，依次开通了阳和公路（后延伸至浙江仁里）、荆州公路、胡磡公路，并逐步实现柏油化、水泥化，交通条件极大改善。尤其是实施“村村通”后，水泥路通达家朋乡各个自然村，彻底解决了山区“路难行”问题。但是，磡头人不会忘记那些修桥铺路的先人们，他们艰苦奋斗的精神永远激励着今人和后人！

（参考选编自《磡头志》）

神奇的仙人谷

在磡头村的东南隅，门前岩侧后翼，有一条神秘的山谷，这是自许氏始祖泰来公迁居此地以来，代代相传的仙人谷（俗称“仙人庵”）。但历经六百余年，皆不知仙人是谁，庵址早圮。据老辈人说，仙人谷里不仅有尼姑庵，还有和尚寺。笔者翻阅了许多史料，并没有仙人庵的记载。但在1913年编撰的《涧洲许氏宗谱》中发现一篇“宣平公传”，其所描述的情景，与仙人谷倒是有几分相符。

许宣平是歙县人氏，唐景云（710～712）时，隐于城阳山南（时绩溪属歙之华阳），绝粒不食，颜如四十许，行及奔马。时负薪入城卖之，担上挂桂花瓢及曲竹杖，醉归独吟：“负薪朝出卖，沽酒日西归。借问家何处？穿云入翠微。”每急人艰危，救其疾苦，访之多不见，惟壁有诗云：“隐居三十载，筑室南山巅。静夜玩明月，闻朝饮碧泉。樵人歌陇上，谷鸟戏岩前。乐矣不知老，都忘甲子年。”好事者题之于洛阳同华传舍，闻天宝中李白自翰林出览，见之叹曰：“此仙人诗也！”乃游新安，涉谷登山寻之不获，题其庵：“我吟传舍诗，来访其人居。烟岭迷高迹，云林隔太虚。窥庭但萧索，倚杖空踌躇。应化辽东鹤，归当千余载。”是冬野火燎其庵，不复知所在。后百余岁，至咸通七年（867），郡人许明奴家有妪，入樵南山，见有翁坐石上，食桃甚大，谓妪曰：“吾明奴祖也。”妪言：“常闻仙翁已得道多年?”翁曰：“尔归，为吾语明奴，吾常在此山中。”与妪一桃，食之鲜美。妪自是增食，颜童体轻。中和后（885），兵荒相继，明奴徙家避难，妪亦入山不归。据传，宣平公在仙人谷建和尚寺，老妪得道后亦在山中建尼姑庵，香火日盛，“仙人庵”由此而来。这种传说虽然离奇，但仙人谷奇特的地理环境，不仅可以避难，也是修行的绝佳选择。且仙人谷距歙之城阳南山是很近的。若无仙人缘，怎能留得仙人居？

仙人谷四面环山，东延岔坑，东南与荆州分界，南接山云岭，有10华里借坎岭石板路通向荆州（谷中也有长岗岭通往荆州），磡头人要徒步8里山路，步步登高进山。一条仙人谷河从山里面奔腾而下，在泉坑口与溪中星河及磡头村穿村而出的涧洲河汇合流向戈溪。在门前岩陡峭的石壁与“迎客壶石”形成的峡口之间，二十世纪七十年代建成的水电站就像“一夫当关，万夫莫开”。仙人谷河河水清澈凛冽，河谷中怪石嶙峋。山外烈日当空，仙人谷内却凉风习习。山谷中绿树葱茏，遮天蔽地，广袤千顷，国有林山四千多亩。进山的人都喜欢随处掬水解渴，清冽甘甜，余味无穷。山谷中仅有一户人家，人称“孝武太”。他是荆州人，从小出家在山里的和尚寺为僧，本名周孝武。中华人民共和国成立后还俗成家但仍住在山谷中。很长时间，“孝武太”的家就是一个茶亭，供进山的人免费歇息喝茶、吃冷饭馃。如今，山谷封禁后，进山种田、砍柴、砍树的人几乎绝迹了，而随着旅游业的兴起，这块神秘的山谷里，探险、踏青、观光、摄影的人日益增多。

仙人谷是一块待开发的旅游处女地，不仅植被保护得好，而且景致迷人。据村中年已86岁的许传成介绍，他踏遍了仙人谷的每个角落，画了一幅草图，作为自然景观，至少有几十处景点可以开发。其中“涧洲八景”中的“逢石作壶”和“石崖清虚”就在仙人谷中，“九龙戏珠”“瑶池瀑布”“混元金斗”“童子拜观音”等景点都已有许多探险者捷足先登。随着访客渐多，仙人谷正在慢慢揭开她神秘的面纱。

第二篇

古迹遗存

涧洲重建许氏宗祠碑记

我是甘泉子，曾受天命任大司马（兵部尚书）。在公事之余，我讲授邹鲁儒学之道，引导启迪学生。太学生许时润有很长一段时间曾是我弟子之一，当时曾想请我写许氏宗祠记，后来我离职回家。许氏宗祠曾遭火灾，现在又重新修复。现今许时润在粤西任职，因为公务到肇庆，特地执弟子礼拜见我，再求我写记。我已经九十三岁，很久不写文章了，与许时润是至交，不好推辞，姑且依据陈述来凑合写吧。

许氏，炎帝之后人，春秋许男之后裔，历经汉唐诸朝，出了很多名人。到了宋代，客居宣州歙州的许规公被追赠大理评事，他的曾孙许宗孟公担任过公职将作监的主簿，宗孟公的儿子许透起初居住在绩溪的云川桥，至十九世泰来公就从云川桥迁到涧洲居家。泰来公六世孙许金，是许时润的父亲，他想为祖先重修祠堂，自出巨资，在自家的南边开辟土地，重建宗祠。

祠堂宽约八寻（注：一寻为八尺），进深是它的两倍。中间是大堂，匾额上的“叙伦”二字，是明朝靖江王的八代孙挥笔书就。大堂有翼室，东（注：应为东北）侧翼室贮藏祭器，西（注：应为西南）侧翼室是厨房。两间翼室下面有回廊，回廊的前面是大门，大门外面有节妇坊。节妇章氏，是许金的大祖母。巡按虞某将章氏的高洁节操上报朝廷，领受皇恩依旨建造牌坊，以表彰善良，疾恨邪恶，树立好的风气。祠堂的后面，开山取石做成高台，有七八尺高，建造五间明堂，里面设置了七个神龛。中间一个神龛祭祀云川始祖透公以及迁涧洲始祖泰来公，这是百代也不迁入祧庙合祭的祖先牌位。左右两个神龛祭祀五世有功不迁入祧庙合祭的祖先牌位，另有四个神龛祭祀高祖、曾祖、祖父、亡父四位至亲的牌位。每个神龛下面的木匣收藏着上溯五代以上血缘关系疏远的祖先牌位，春秋合祀之时将那些牌位放在原处，祭祀结束则继续像之前一样收藏起来。如果用对自己的恩情深浅来分别亲疏关系，那就得沿着父亲往上追溯，到了远祖，恩情就最轻。如果从道义上看，就应沿着远祖往下推，直至父庙，愈早的祖先道义愈重。这样，远祖的恩情虽轻，但在道义上最重要；父母的恩情虽重，但道义上较轻。高祖、祖父两个神龛居于始祖的左边，谓之昭；曾祖、亡父两个神龛居于始祖的右边，谓之穆。子孙发扬光大祭祀的礼仪，那么昭穆牌位，也按这顺序摆放。只有大宗的嫡长子才能进入室内行灌献之礼。室外台阶尽端有两条大道，围墙环绕。围墙的左边空地，另外修建涧洲祠，因为许氏自从迁徙到涧洲以来，到许金公确实发扬光大了，所以许金号涧洲。这里特地为他做祠堂，正是来彰显许金公发扬光大的功劳，以虔诚地继承宗庙世系。

嘉靖壬子（1552年）秋季开始筹集工料，丙辰（1556）冬季落成，祠堂再次竣工，族人众志成城各用所长，多么了不起呀！祠堂的重建对许氏家族的兴盛，是否吉兆呢？这项工程，首先倡议者是许金公，而计算工程所需人工总量、工程费用预算、计算所需工徒口粮数额这些工作，其堂叔本大公、本瑄公，还有堂弟镐公、鏊公、鐍公，太学生钥公和金公儿子时溥公、时清公、时润公，都参与了相关修祠事宜，是有功之臣。拙文随信附上。

赐进士第资政大夫，南京吏部尚书兼兵部尚书，前国子监祭酒，翰林侍读，同修国史经筵讲官，甘泉湛若水撰。

万历三十三年 岁在乙巳 阳月吉旦

磡头村章家祠堂

古村磡头许姓占90%以上，但村中仍然还有十几个其他姓氏。其中章姓、唐姓、殷姓居多，且章姓、唐姓都有祠堂和老屋。章家祠堂就坐落在永安桥头西向下侧，坐西北朝东南，前面便是祠堂坦，临西水街。

如今，章家祠堂中进和后进成了村头的停车场。据磡头村章氏二十三世章昭才、章昭稳兄弟回忆，章家祠堂原为三间三进，前进左、右有厢房，供人居住。前进和中进之间两侧有石阶供人上下。祠堂中进的中堂悬挂“报本堂”匾（章昭稳存有“民国廿一年国历五月”报本堂契约），告诫后裔不要忘本。中进两侧的厢房上筑有阁楼。二十三世裔孙章昭成说，他家曾住中进东北侧阁楼，章昭稳家住祠堂前进西南侧厢房。中进两侧上后进有多级石阶，两进之间有天井、明堂，后进中堂有神龛牌位。祠堂轮廓仿许氏宗祠，三道门可以拾级直上第三进；第三进西南、东北侧有半圆耳门进出。祠堂虽然小，但是气势很不一般。二十世纪五十年代初，宗族管理消失，祠堂失去功能。1958年，磡头村第一和第二生产队，对祠堂后进改造，办免费集体食堂，不久停办。二十世纪六十年代后期至八十年代初，此处用作磡头村第一生产队队址，作为生产队开会和储粮分粮食的场所。

绩溪《西关章氏族谱》（1915年版）载：“崇祯间武举钦赐进士璸（“生成化癸巳，卒嘉靖丁巳”）之五世孙岩老，徙北鄙之涧洲（又称磡头村）。”磡头章氏相传，岩老（西关章氏“十三世”）是一个货郎倌，挨村叫卖，担货涧洲，货物抢购一空。经过察看，这里人口众多，商品短缺。万历年间，岩老从县城西关迁磡头村永固桥西侧桥头购房定居，开店经商。先后从卖日常生活用品，到开糕饼店、油坊等，章氏家族人丁逐渐兴旺，在古村磡头成为不可小觑的姓氏。《西关章氏族谱》载：“正沛（十八世）字致雨，大学生，刚毅正直，不避权势，于乡党中解纷排难，人畏其鲠，而服其公，故争讼颇少里。有太子及诸神祀事缺如，沛为倡捐，生息置产，遂成胜会。又当倡建茶亭于村口沓岭湾，捐置田产山场，永为施茶之费。”“正沛、惇信、明义涧洲人推重之号为名家”声名鹊起，成为磡头村诸姓有口皆碑的人物。

正沛子三，志蕃、志錸（嗣正林）、志汉。他的两个儿子志蕃、志汉兄弟继承父亲衣钵，慷慨出资，章氏族人同心协力建造章家祠堂。《绩溪西关章氏族谱》记载：“志汉，一名社吉，字漾东，国学生。生道光乙未（1835），卒光绪乙未（1895），同治己巳（1869）同兄志蕃（1822—1882）建造支祠，不惮艰辛。”同治期间，章志蕃为文秀才，章志汉为武秀才，是章氏子孙中的佼佼者。但当时磡头章氏家族只有十余户人家，要建造一座三间三进的祠堂，是个了不起的工程。祠堂竣工后，章志蕃、章志汉奉旨牵头聚族之力，在村首土名“村门上”（和畈岱山脚十大名棺左上档），为十九世章志錸妻周氏建节孝青砖牌坊。

章昭稳介绍，世代相传，章志錸15岁那年，病入膏肓，配婚周氏冲喜，完婚后志錸去世。周氏以章义体为楷模，终身守寡。《西关章氏族谱》载，章志錸死后，遗孀周氏“摘志蕃次子永孝为嗣，又摘志汉长子洪谋为嗣”，遂开豆腐坊（豆腐坊在土名牛栏磨山坡上），“天天挑水十八担，夜夜推磨到天明”。周氏耗尽心血，养育嗣子，为章志錸延续香火。周氏感人的事迹上报朝廷后，皇帝下旨为她建碑。磡头章氏后裔90岁的章天福（1964年徙迁旌德县俞村）和84岁的章毓浒（1958年徙迁临溪镇普川村）回忆：“牌坊由特制青砖建造，每块砖重25公斤。牌坊高3丈余，宽2丈有余，坐西北面东南。牌坊正面中间嵌‘圣旨’匾。匾正面顶枋上有八仙砖雕图案。坊下栏板上刻有四个大字‘心同冰雪’。1958年，大炼钢铁运动中，村人把砖牌坊撤除，运到距村十里的戈溪砌高炉。”一座记载着妇女血和泪的牌坊就这样消失了，那座磡头章氏引以为傲的支祠也荡然无存。

忆往昔，磡头村章氏祠堂是道光二十二年（1842）章氏族人购许锦龙“善庆堂”通转楼，1869年依地势建造的，雕梁画栋，气势不一般。它是磡头村章氏家族团结的象征，是宝贵的文化遗产。由于建造村头停车场而被破坏了，这是相当可惜。如今，永安桥（明代建筑）仍屹立在涧洲河上，桥下流水潺潺，清波荡漾，鱼翔浅底。它见证了章家祠堂的兴衰，似乎在呼唤人们，要珍惜历史文物，弘扬优秀宗族文化！

追远堂记

涧洲许氏宗祠始创于泰来公时期，当时规模比较简陋，曾遭火灾。后来泰来公六世孙金公提议并着手重建，在自家南侧开拓几丈土地，规模更宏大。当时，金公的堂叔本大公、本瑄公，还有堂弟镐公、钥公、鳌公、鐈公和金公儿子溥公、清公、润公，都一同参与修祠，不辞辛劳。嘉靖壬子（1552）秋季开始筹集工料，丙辰（1556）冬季落成，祠堂再次完竣，“叙伦”匾额高悬堂上。万历乙巳（1605），湛甘泉撰文记叙此事，刻石立碑。祠堂的结构和规模如何，神龛牌位如何放置和祭奠，都详细写在那篇文章里，这

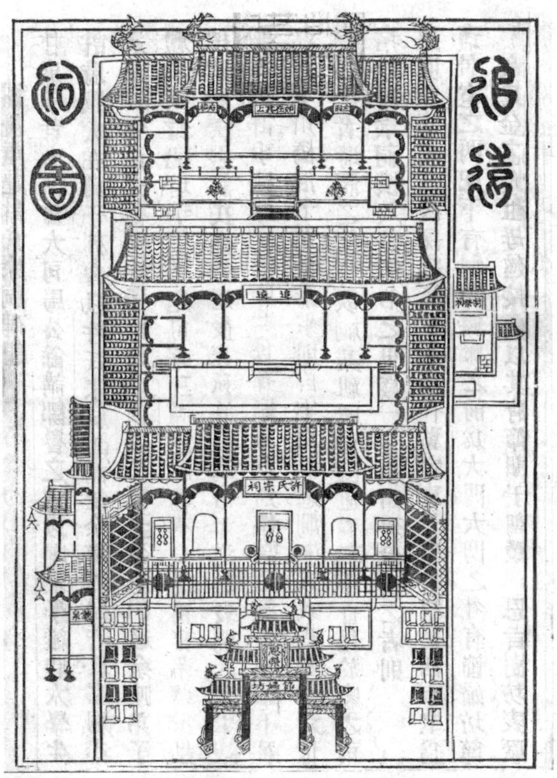

里不再赘述。只是用叙伦命名祠堂，起初唯许氏家族独有，后来多有雷同。族人商议更换祠堂名，于是在万历庚子（1600），匾额上换了堂名“追远”，是因为远古祖先不可遗忘，况且许氏忠烈显圣王远公，忠义精神在史书上彰明显示，至今仍然声名显赫，更加不可忘怀，所以用追远二字做堂名。让许氏后代进入祠堂，抬头仰望，追念先人的情感油然而生。再看“追远”堂名，似乎与怀念许远公之意更加贴切。我又想到，我们的祠堂结构森严，气势恢宏，都不必再说。宗祠明堂的前进与中进之间，以及中进东西侧都有台阶，中间台阶还有转桥，三道门直通顶端，可以沿着大堂一路直上，似乎都不是其他家族可以比拟的，这是因为许氏家族有忠烈显圣王的缘故。之后的咸丰年间，又在西翼室的前面邻近溪水修建了水阁楼，下面有木栅栏，县令王峻题写“听泉”匾额。时常有游客靠着栏杆观赏游玩，源于楼下有玉泉鸣珮，是村中“八景”之一。多年来，因为雨雪侵袭和白蚁蛀害，祠堂的栋梁日渐腐朽毁坏，难以保证不会出现问题。所以最近几十年间，要么更换栋梁，要么翻盖修葺，每年都有当值办事人员负责维修。现在祠堂编修谱牒的工作即将完成，我们绘制追远祠堂的图像附在族谱后面，让阅读族谱的后代不忘先祖功德，光宗耀祖，则祠堂得以流传久远，永不衰落。因此写了这篇文章。

民国三年仲冬中浣

族裔润泽谨识

听泉楼记

云川是许氏的望族。祠堂的北侧久有高阁矗立，西邻溪水、横跨水街。它和祠堂屋宇相互依存，也和六座桥一样是长长河流的关键要道。明代胡屏山先生已经为它作了一篇记。桥下岩石间的流水其声铮铮，先贤称之“玉泉鸣珮”，是村中“八景”之一，有诗歌留存下来。确实如此啊！几百年杰出的人物辈出，难道不是这方土地显示出它的灵气吗？道光丁酉年（1837），洪水泛滥，冲毁此楼，许氏族人继承前人之志，欲还阁楼原貌。我主管本县，偶然来到这里，询问本地的文人君子，得以翻阅果园先生遗稿，更加相信这里是人才、文化集中之地。适逢这阁楼正在重建，想请我为它题记，我就说了这些并记载下来。

咸丰己未（1859）仲夏月

知绩溪县事　王峻撰

本大公祠记

光绪癸卯（1903）春，寒食节前一天，我和两位客人在村西的猎神墩游玩。天气晴朗，阳光耀眼，我们准备乘着兴致返回。猎神墩下方几十步远有个祠堂，匾额上写着“敦本”二字。祠堂有上下两进，里面摆设一个神龛，用以供奉先主。前面有矮墙环绕，出入都要经过这里。祠堂的右边有个翼室，那是厨房。厨房前后有几块空地，高低错落，很是雅致。正好有长者在祠堂中洒水扫地，客人询问：“这是哪位祖先的祠堂？何时建造？牌位入祠供奉又是什么时候？”长者回答说：“这是我祖上本大公的祠堂，同治戊辰（1868）开始动工，同治己巳（1869）落成竣工，到了辛未年（1871）安放先人灵位，到今天有三十多年了。”

本大公支祠圖

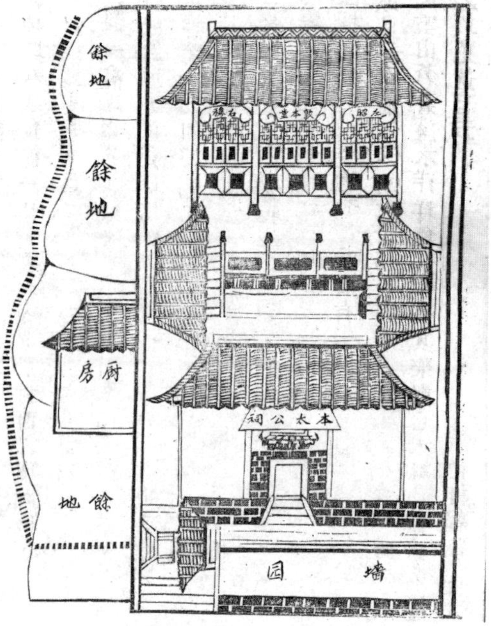

稍后，我们在庭前散步，只见周围的群山春意盎然，层峦叠秀，小溪流水，清碧宜人。远观八景曲折环绕，眺望五墩分别陈列。左边狮墩平直坦荡，右边长岱蜿蜒曲折；后面有万棵松木四季青翠秀丽，前面有千顷绿草铺满大地。腹中空空却不知饥饿，驻足长留不忍离去。长者说：“日渐晚，为何不咏诗归去？”我们就鼓掌并吟诵诗歌，歌里唱的是：“云山苍苍，溪水洋洋，饱赏佳景，其乐难忘。”没过多久，我们便散去了。我蘸笔写下游记，以免遗忘。

族裔　桂馨谨识

怀恩堂祠图记

我听说，天下文人相聚的时候说，人生在世，不愿拥有万两黄金的财富，只图培养出超群绝伦的子孙，砥砺磨炼自己的名誉和品行，光宗耀祖。而为自己的家族和门庭争光，必须首先对当世有功德，然后为邻里乡党增加荣耀，大概差不多就像涧洲的许伯雨公那样。许伯雨担任广东都司，以奉公守法著称。晚年告假退休，回归故里。明武宗关赏其功勋，恩赐许伯雨修建府第，并下诏准建七檐门楼以光耀门第。君主臣下适逢其遇，当时以为盛事。伯雨公因为帝王的恩宠厚待，虽然退休身居山林，依然铭记皇恩在心，

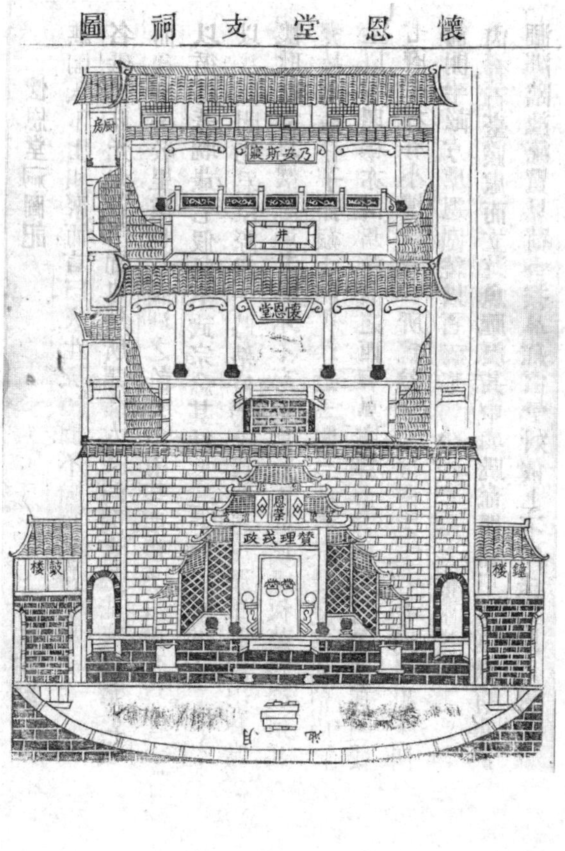

所以用“怀恩”作为府第的匾额，表达自己不忘皇恩。府第原先是五间房，明朝社会动荡，后来多次遭受战火焚毁，仅存遗址。许氏子孙因为经费困难，改造成三间三进。里进设置祭祀的神龛，祭祀许伯雨公，各个牌位也按昭穆顺序排列。台阶尽处的西边，有个翼室，是厨房。大门之上有门楼七檐，左右各有一间小楼屋，是钟鼓楼。鼓楼的下面各有门相通，供人出入。门前开挖半亩方塘，四周用石头堆砌环绕，形状像半个月亮，世人称它为伯雨洗砚池。池内有石台凌空伫立，游鱼在石台内欢腾跳跃，如跳龙门。

甲寅年（1914）夏，我来涧洲办事。临近水池观览，只见荷香扑鼻，红白争妍，我依依不舍，不忍离去。那些文人隐士，有的在池边乘凉，或坐在石上垂钓，他们都是伯雨公的后裔。那七檐的门楼依然完好，上有“赞理戎政”四字，字迹明亮鲜丽，像新的一样。我觉得诧异，就向一个老者询问。他指着那个府第告诉我说：“这就是都司公奉旨修建的居第。”有个许氏子弟也指着月池告诉我说：“这是都司公的遗迹。”我爱悦羡慕良久，说：“过去所说的砥砺磨炼自己的名誉和品行，为自己的家族和门庭争光，确实是真的。若非伯雨公在生前因丰功伟烈著称于世，又怎能带给后世光耀荣华？”我满怀欣喜地离去，写下这篇记。

民国三年（1914）夏六月中浣

石生朱瑞麒撰

秀䃮公祠图记

涧洲的东边，有处叫枫林的地方，其下有秀䃮公祠，祠堂匾额写着“敦睦”，许润泽君在此设教办学。我到涧洲担任劝学，在校期间，适逢润泽君接受编修家谱的职责，他将祖先秀䃮公祠的绘图给我看，请求我写篇记。我自惭不才，但至交之请又不好推辞。

我环视祠堂内子弟，询问得知他们大多是秀䃮公的后裔，都是才智杰出之士。我不禁感慨道：“这秀䃮公祠，是多么了不起呀！”国家培植人才，拨专款用于教育，借秀䃮公祠做校舍，又得益于润泽君热心执教，不也是发扬

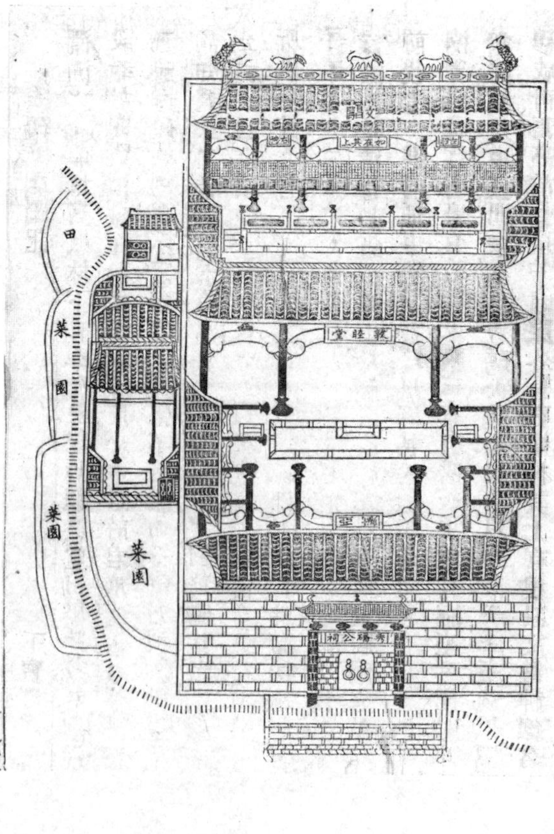

光大建祠之初心吗？况且秀砑公祠紧邻荷形，四面秀峰环绕，一溪流水回旋，风景清秀不凡，必定聚集天地间神灵之气，那么这个祠堂的族人兴起尤其不可估量。

再看祠堂结构，前后有三进。前进的中堂以及台阶前的丹墀高大宽敞。下堂左右两边都有房间，大门里面设立影壁。丹墀两边有回廊，中间与两侧有台阶相连。后进有五间寝室，高出中堂几尺。中三间房中设神龛，以秀砑公为始祖，秀砑公以下的牌位也按昭穆顺序排列。神龛前有小门，门外有石栏杆，它的上面有座楼，摆设着文昌神像，名叫文昌阁。文昌阁下，左边有一间房，右边一间为上阁楼处。祠堂右侧有小小的三间房屋，二进，有前后天井，现在成为厨房灶台。它的外面有三处菜地，一坵田，图像中都已经标注得详细明白。其余田地山场，另外有谱据，这里就不再多说。如果说到什么人建立这个祠堂，什么时候落成，只是根据润泽君从各位父老处打听来的消息，说秀砑公的孙子许应熊，想利用读书的旧别墅扩建成这个祠堂。后来因社会动乱影响，没有建成。到了秀砑公的七世孙辈谨遵先人遗志，祠堂最终才落成，当时是康熙年间，具体的时间已经不可考证。

民国癸丑（1913）夏初

同邑后学王宝贤敬

崇也堂记

《崇也堂记》，记载崇也堂的来龙去脉。邑武生（州县学的武秀才）许锦泰公，字崇也，号春原。世代居住在绩溪东边的涧洲，他是已故监生许肇勋的公子。

锦泰公外貌雄伟，声如洪钟，与别人说话，隔壁都能听到。他以耿直刚烈著称，以勤俭起家。从屋舍中望去，都是田地沃野，确实称得上殷实。他生平待人接物从不为一己之利违背公德，不苟言笑。别人做错事，他开导、说理、规谏、劝说，使人悔悟不再犯错，狡诈奸猾的人都敬重畏惧他。同族

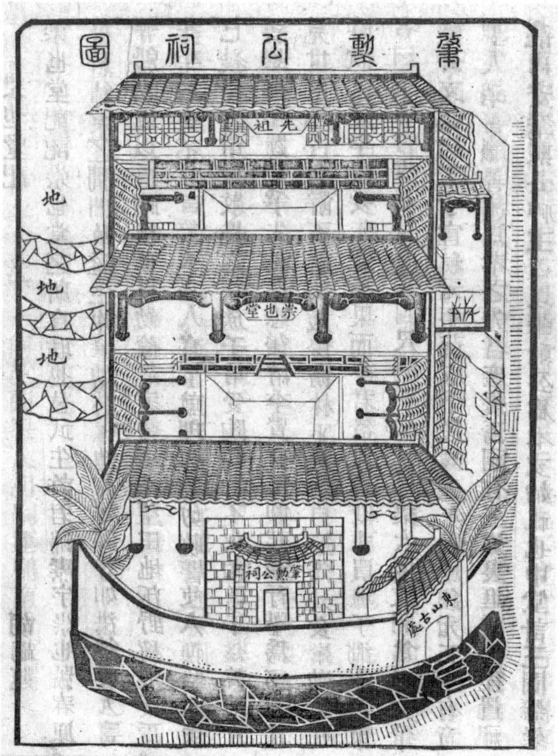

子弟受到他造就培育的人不少，锦焘公尤其踊跃做善事，地方善举，他一马当先，唯恐落于人后。

清朝官吏仰慕他的善行，推举他做乡董。他见世风不古，坚决推辞，不去就任，整年悠然自得地享受退隐生活，持守正道，自得其乐。

当初他父亲肇勋公在世时想修建祠堂，供奉先主，尚未实施就去世了。锦焘公想成就父亲遗志，在涧洲东边买了块地，取名东山古处。地基长九丈四尺，宽三丈三尺，修建了几间高堂华屋，作为父亲肇勋公支祠，宣统元年（1909）开工，民国元年（1912）落成，总共花费两千多银元。圣人所说的“善于继承和传述美德，孝居首位”，锦焘公差不多做到了。

祠堂有三进。里进是寝堂，放置祭祀的神龛，安放肇勋公的牌位，将肇勋公作为本支的始祖。中堂总共三间，上面悬挂“崇也堂”的匾额，因为祠堂是锦焘公建造，记录实情，告知后人。下堂有左右房间，落成后，锦焘公与妻子胡氏住在里面，躲避世俗尘嚣。祠堂左侧有两间翼室，外间是厨房，里间有个小神龛，在里面祭祀锦焘公已故的岳父岳母，岳父家没有后代，锦焘公代替祭祀。大门的上面镌刻“肇勋公祠”四字，表明这个祠堂是为了肇勋公建造。门前有围墙，如半月的形状，人们驻足远望，可见外面环绕的清秀山峦，风景如画。后门外有三片空地，可以作为花园，供人们游玩。

锦焘公在祠堂中休养生息，不参与外界事务，孙、曾孙绕膝，济济一堂。他时而含饴弄孙，时而拄杖出游，真是福人福地，极尽人间的乐事。陆地神仙，熙朝人瑞，都可以用来咏德锦焘公。他与妻子胡氏养育四个儿子：长子洪戬，早逝；其余三子洪定、洪栗、洪坚都擅长生财致富之道，能够继承父亲的事业，被世人称赞嘉许。他们都是因为锦焘公的教育方能成才。孙子四人，曾孙三人，四世同堂，天伦团聚，人们称赞有唐代敦睦九世的张公艺之家风。

欧阳修曾经说过：“行善没有不报的，只是早晚而已。如果不在自身，必定在他的子孙。”根据锦焘公的积德行善来预测你家族的兴盛，如日中天啊！我虽然年事已高，还是很乐意为你写这篇记。

民国三年（1914）仲冬下浣
同邑副举人胡嗣运鹏南甫敬撰

八卦亭图记

涧洲的东边有石岗，形似一叶孤舟。石岗前有小路曲折蜿蜒，像纤绳拉着小孤山。山像人的形状，喜好者称其形似“渔夫背舟”。舟形高岗的上面有平坦的山谷，面积有几亩地，明代大儒许青旸公在上面建造亭子，作为他读书的别墅。亭子处在高岗适中的地方，看上去像船舱一样。亭前面有几棵古松，笔直矗立在高岗的顶端像蓬杆一样。孤舟之称，是因为象形的缘故。登上亭子四处眺望，山水环抱，“八景”分布，像八卦的形状，这就是亭名“八卦”的由来。

亭子有上下两间，上间设祭祀的神龛，安置青旸公，依昭穆顺序排列各个牌位。下间是讲习所，东西有两个翼室，东边是自修室，西边是招待所。西室前面有文昌阁，阁内供奉文昌像，前后皆有门户供出入。亭前修筑矮墙，遍种应季花卉，供人欣赏。亭后栽种万杆绿竹，中间夹杂古柏，浓荫深翠，四季常绿。

闲暇时独坐竹林中，弹琴长啸，聆听林间的黄莺宛转鸣叫，有助于激发诗情文兴，还能体会到青旸公当年的雅致。青旸公平生没有其他嗜好，独爱读书，老年时还手不释卷。他养育了三个儿子：文谷、文燮、文灵，青旸公让他们读书，准备应举，后来他们都凭借文章向世人显示才华。但是他仍然担忧后代知识贫乏，不能接续书香之家，曾经置办生员租一百二十吊，作为后人读书学习的津贴费用。青旸公培植后人，用意深远而美好。青旸公去世后，子孙们将他遗留的产业，除了用于生员租外，全部作祭祀公业，确保春秋两季的祭典不会缺少，也可称得上是善于继承和发扬祖先基业的人。古书上说："有盛德者，必百世祀。"我认为青旸公也如此。

民国三年（1914）冬十月中浣

同邑副榜胡宣铎撰

洞洲村记

出了梁安（绩溪县城古称），向东蜿蜒曲折七十里，有一个村子名洞洲，是许氏望族居住地。村子曾叫竹坑，相传其祖先许泰来在明初之际在这里登山远眺，看见满坞白云，河两岸竹林茂密，山明水秀，景物可人，于是就在这里开垦土地居住。一条小溪像长虹一样穿村而过，六座桥横亘河上，像云梯一般，许氏子孙傍河居住，犹如两军对垒。村子四周有“八景”环绕，“五墩”分别陈列。这些景物如星罗棋布，是天然图画，山川地形优越，风光秀美，在绩溪首屈一指。所以这里的社会名流和杰出学者代代辈

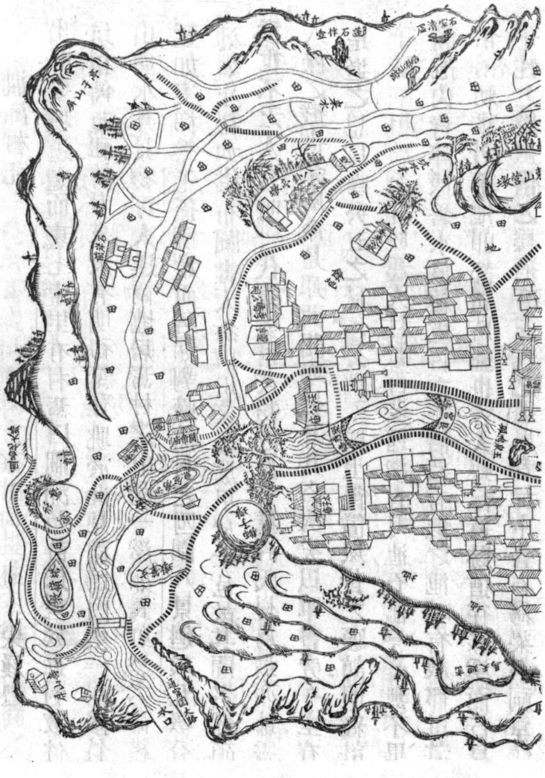

出。在明朝，绩溪称得上文物兴盛之处，当首推许氏村，这也是人杰地灵的证明啊。我受命执政绩溪已经两年，久闻涧洲的名声，但是因为军务繁忙，空有登临之意。

民国癸丑（1913）年的秋天，我因公偶然来到这个地方，得以一偿夙愿。拜访大儒许端卿先生，我们相约去游赏名胜。进村几百步，靠近涧溪有个月池，石槛亭台全都具备。月池里青萍随碧波荡漾，各种水生动物共处。古代的灵沼，大概和这很相似吧。池畔有明朝都司许伯雨奉旨修建的住宅，月池也是都司开挖的，古人虽然离去，遗迹依旧存在。沿溪前行，见许氏子孙兴旺，风俗淳朴，尚有古代先人创业、守业和继承家传的风气。村中建有一座石桥，名叫“祠堂桥”，桥东有许氏祠堂，占地数亩，祠堂结构巍峨，是许伯雨和他兄长许时清倡议建造的。桥下泉水撞击石头，发出铿铿锵锵之声，就像敲击玉佩。桥东侧建有一座阁楼，县令王峻曾经来这里游览，非常喜爱此处美景，他曾写文章记载此事，并为阁楼题词“听泉”。每当鲜花盛开的清晨和月色朦胧的夜晚，文人隐者们买来美酒，登上阁楼，有的对着明月诵读诗歌，有的迎着清风吟唱曲赋，兰亭盛会的美好境界，也不过如此。

穿过楼下巷子，豁然开朗，田地平旷，如虎踞龙盘，山环水抱。中间有座古墓，维护完好，松柏常青，风水先生称之为“荷花形”，这是安葬许氏祖先泰来公的牛眠宝地。距墓地几十步，有石岗耸立，形状像巨大的船只。石岗上面有座八卦亭，是明代大儒许青旸读书的地方。亭子外面有万竿绿竹，几棵古松，浓密的树荫，深重的绿色，四季常青。倚靠亭子，向北眺望，看见村尾有两座庙横阻，就像屏风遮蔽。进入其中，看不见村里的河水外溢。村口古时有石头砌成鱼形，上面种植绿荫树木庇护村庄，乡人谓之“洲涌金鱼”，是村中“八景”之一。世事沧桑，故地已成废墟。

南望甑峰，宛在身侧，山壁耸立千仞，山势好像撑住苍天，让诗人妙句“奇峰插云际，一望众山低”脱口而出。

我一整天在这登山临水，流连忘返，忽然看见牧童吹笛返村，回巢的禽鸟宛转鸣叫，不禁触景生情，针对时势抒发情怀，茫然若失，叹息道："人生在天地之间，就像一只飞鸟而已！饥饿了就去寻找食物，飞累了就进入树林。哪里能够得到像这里的秀美山川和幽深林壑呢？建几间茅屋，读读古诗文，趁着良辰美景，约伴悠闲出行在冬天的阳光下或夏天的阴凉处，或走近水池观赏游鱼，或步入树林聆听鸟鸣，饮酒抚琴。不与时俗相争，不为外物所动，长久安乐，颐享天年，即使王公也换不来。"许端卿先生说："空谈没有用，摆脱内心困扰很难，欲悠然遐想，您毕竟不是谢安。今天虽游兴盎然，但已夕阳西下，回去吧！回去吧！再来游玩总有机会，希望您长久地掌管绩溪县。"于是，我和许端卿先生缓步返回。在安静的夜晚挑亮灯火，我仍然还觉得心驰神往。在公务之暇，将游览过程写成这篇游记。

民国三年（1914）岁尾癸丑

军法科科长衔绩溪县知事宋履丰撰

洞洲书楼

十四世纪九十年代，洞洲许氏六世祖金公在家庙里开设了“洞洲书楼”义塾，聘请先生免费教族中子弟读书，续开洞洲许氏教育。

“洞洲书楼”培养出一大批有文化的村民，还有许时润、许楠、许青旸、许世德等一批杰出的人才；据记载，“胡少保屏山、殷内翰镕，皆其造就也”。

胡宗宪（1512—1565），曾任兵部尚书兼都察院右都御史加太子少保。据《忠敬堂汇录·胡襄懋公传》载，胡宗宪受高人指点“先从水，后从龙”，来洞洲书楼念书；《洞洲许氏宗谱》记载，胡宗宪“幼随乃父告贷于公，（许金）公见其头角峥嵘，举止端重，试以言，应对警敏，异之，少有赠。往来习熟，便依依不忍去，乃父因以屏山属公称义父焉。公亦抚恤备至，给其衣食，令随子读，并周济其家，以养以教，至于成名，人咸谓公有知人之鉴”。

殷镕，“未达时，家亦蹇。公闻其才，延为西席，以教诸子”。后来许金资助他一百两银子到歙县紫阳书院发奋读书，最终考取功名，一直升到翰林院。

“洞洲书楼”不仅为洞洲培养了一大批人才，而且造就了两位国家栋梁。洞洲书楼一时声名鹊起，其后磡头村的许氏支祠纷纷效仿，形成广办私塾的风气。因此，洞洲人才济济，许氏越发兴旺起来。

磡头村节妇坊初探

坐落在绩溪县家朋村的节妇坊是明代建筑，距今已有484年历史。它背倚许氏宗祠，面对横跨涧溪的涧洲桥（也称阳川桥），桥下流水潺潺，鱼翔浅底；坊的右侧是文人墨客景仰的听泉楼。这独特景观引来络绎不绝的海内外游客。

磡头村节妇石牌坊，风格独特，造型端庄，工艺精湛，雕刻精细，保存完好。它充分体现了古代磡头石匠艺人的卓越才能和艺术创造力，反映了磡头许氏宗族对族人进行公序良俗教育的重视程度。

然而，令人不解的是在封建礼教等级森严的社会，一个节妇石牌坊竟然矗立在祠堂正门之前，实属全国罕见。我带着好奇心探究了“节妇坊旌表的是谁?”“为什么坊址选在祠堂正门?”等问题，拙文浅释，旨在抛砖引玉。

查史料，磡头节妇坊旌表的是一位伟大的女性——章义体。

明永乐十年（1412）章氏生于瀛洲油坑口村（今瀛洲镇瀛洲村）。磡头许氏四世祖许杰之来孙《校公派世系图稿》（手抄本）记载，章义体“系油坑口章氏之女，十九岁，杰公仙游，守二岁之子本玉，单传3代”。章义体丈夫许杰，是“贤良修职郎”文郁公之独生子，从小耳濡目染，知书达礼，为人宽厚，才俊兼备。章义体出身大户人家，深受《章氏家训》（注：《太傅仔钧公家训》）的熏陶，才貌相济，贤良方正。17岁婚配许杰，俩人情投意合，仙人眷侣般恩爱，过着男耕女织的美好生活。宣德戊申年（1428），喜得贵子本玉，全家沉浸在后继有人的喜庆之中。“天有不测风云，人有旦夕祸福。”宣德四年（1429），许杰意外身亡，章义体悲痛欲绝，经族人劝慰，才忍着悲痛送走丈夫，遂一心抚孤守志。

章义体依从祖训，恪守门风，教子诗书，谦恭待人。她孝敬公婆，搧枕温席；公婆年老体弱，卧冰求鲤；逢年过节，必视父母；亲朋眷往，不失礼仪，孝事舅姑，里无间言。她睦邻谦让，谁家有危难必度之，以仁爱之心待人，家人、邻里、族人无不赞美其贤惠淑娴。其美名远播涧洲村和油坑口村五里滩回。

章义体谨遵宗族古训，以耕读为传家之本，教子“重诗书”“杜邪风”“积阴功”“明圣贤之道”“儒家自有正礼，僧道邪说不可轻信”“王法所当禁者，更不可行”“勉力做好事，自然福寿绵长、子孙昌盛也”。义体教子有方，其子事迹载入明《志》史册。章义体守志教子，仁风随之在朝中传播。1913年《涧洲许氏宗谱》传记赞本玉“输粟赈荒以膺冠带，道路桥梁修建甚多”，“正德间，浙寇作孽，府县委任备御，昼夜巡逻，贼不敢入境，郡赖以安”；《绩溪县志》（嘉庆版）人物志记载：“许本立，磡头人，事母孝，平居，无疾言遽色，性喜赈贷穷乏，邑中桥梁路多所修建。明《志》‘立’作‘玉’。”

明宪宗成化九年（1473），本玉喜得贵子许金，义体更是百般呵护孙儿，教之遵祖训、守族规及其他做人的道理，这些教育对许金一生影响巨大。许金“及长，器宇轩昂，端庄慎重，宽宏大度，不较锱铢。有耕者侵其地，割而与之，贳其财者不责偿，人咸重之”“时苏省连岁大旱，饿殍载道，民不聊生……造浮田十顷于太湖畔”“使民种食免租，活灾黎数万”。在磡头汪家店，许金“斧山伐石成五里之圳，以资灌溉，田变膏腴”。他独资建造涧洲桥，方便行人；兴办义塾，教化子弟。“苏之人颂公德，里之人念公功。”章义体守紧门户，教育子孙的事迹随许金功德的远播而广泛流传。

十五世纪八十年代，章义体逝世。时值童年的许金，在心灵深处深深地刻下祖母不朽的丰碑。

十六世纪二十年代，许金膝下有四子：时溥、时泽、时清、时润。其中三子时清，诰授奉政大夫；四子时润，任广西都司正断事。

此时，许金儿孙满堂，功成名就，因念其祖母教育功德，遂将祖母“抚孤守志，玉洁冰清”的事迹写成奏章，由胡宗明御史上报。

《绩溪县志》（嘉庆版）有载：“许金，磡头人，奏表祖母节行，建祠捐田以奉先祀，立义塾以训族姓，修桥赈贫。都御史胡宗明行状其事。”

嘉靖年间，胡宗明曾任四川参议，河南副使，云南、山东布政使，副都御使巡抚辽东。《徽州府志》（嘉靖版）记载：“胡宗明，字汝诚，龙川（今瀛洲镇坑口村）人，正德十二年（1517）进士，授户部主事。”

皇帝准奏下诏，恩准建节妇坊，旌表故民章义体。族人商议，为表彰章义体遵祖训、守族规，恭俭守家、教育儿孙、睦邻济困等事迹，赞同将节妇坊立于许本瑄“集赀督工”建造的许氏宗祠前，让族裔学习其教子有方和优秀的道德品质，世世代代敬仰其不朽的精神。

明世宗嘉靖十六年（1537），许金依敕令建成“坐东南朝西北，四柱三门五楼，麻石仿木结构，通高8米，面宽8.4米，进深2.45米，占地面积20平方米”的石牌坊，以褒奖章义体贞节。牌坊主楼正中置有“恩荣”匾，其下方花板下方镌有“节妇坊”三字，形制宏大，高处浮雕工艺精美，其建筑艺术水平较高。游人无数，无不交口称赞。

许金晚年，倡议并组织族人重建许氏宗祠（五世祖许本瑄组织修建），扩大建筑面积。“自出粞不靳千百缗，于家南拓地为宗祠”，宗祠正门前是钦奖节妇坊。许金因年事已高，不久辞世，扩建祠堂成为遗愿。

子承父志，许金三子许时清在族人的支持下，历时四年，“于嘉靖丙辰岁（1556）冬祠事再完”。

民国年间，宗祠转换功能，改作学校。二十世纪七八十年代，祠堂前后进均被拆除，扩建校舍；中进因年久失修，梁柱多有毁坏。

2012年2月2日（农历正月十一日），许泰来十九世孙家德倡议：修缮许氏宗祠前中进，族人积极响应。家朋乡人民政府组织成立《重修涧洲许氏宗祠理事会》，由村长许利任会长，许大前任常务副会长，许传成、许家德、许家荣（兼秘书长）任副会长、理事等。上级文物部门拨款支持，族人捐款，耗资一百多万元，重修宗祠前进和中进，同年10月竣工，始建于明洪武年间的许氏宗祠得以再现。

磡头许氏宗族，将节妇坊立于祠堂正门前，在尊崇“三纲五常”宗法等级制度森严的社会背景下，实为罕见。这座石牌坊，既是封建礼教禁锢妇女枷锁的历史见证，也是古代妇女冲破封建礼教藩篱的象征；这既是磡头许氏宗族对封建的道德伦理规范的一种反抗，也是磡头人对妇女在家庭教育中举足轻重的一种肯定。人们在了解节妇坊历史、文化、艺术价值的同时，更要理解许氏宗族先贤们选址的初衷：让它一如既往地激励后人耐住寂寞，恪守家风，敬老爱幼，乐于助人，睦邻友善，诚信守法，为建设新时代的美丽乡村助力。

磡头村“元戎分理”石牌坊

“元戎分理”石牌坊，建于万历五年（1577）丁丑岁季春月，坐落在家朋村（原磡头村）神童巷口。坐北朝南，跨澗溪河东侧水街而立。

牌楼为二柱三楼歇山式，石柱底层两侧以石狻猊4只撑护，上下大额坊分别镂刻“鲲鹏展翅”“双龙戏珠”。中间匾额正面楷刻“元戎分理”，背面楷刻“百粤司平”。通体为花岗岩石雕琢而成。旌表的是在职三十年，理冤狱、革弊政、清节自持、刚直敢言、不避权贵、泽被群黎、功勋卓著、名震朝野的广西都司断事司正断事“铁面都司”许时润。

石牌坊高8.4米、面宽3.9米、柱净宽2.95米、进深2.2米。石梁采用浮雕和镂空工艺，构成祥云织锦、神龙赐福、麒麟吉祥、仙鹤延年、鲤鱼跳龙门、平安如意等图案。这些图案表达了晚年许时润的心愿。他期望桑梓人丁兴旺，飞黄腾达；希冀后人追求祥瑞、福寿、财禄、品德、功名，报效朝廷。

牌坊上“恩荣”二字高悬，凸显皇帝恩准建造。牌坊的匾额正面镌刻遒劲有力的“元戎分理”四个大字，左侧署名：“钦差巡抚右佥部御史宋仪望、钦差提督学校御史谢廷杰、巡按直隶监察御史计坤亨、徽州知府崔孔昕、同知党馨、通判徐庭竹、推官郭宗无。”右侧落款并注：“绩溪县知县李星，主簿李文卿，典史箫廷授，儒学教谕庄希益，训导傅以翼、李僖为，广西都司断事司断事许时润立。”匾额背面镌刻端庄雄伟的“百粤司平”四个大字。左侧署名：“钦差巡抚右佥部御史宋仪望、钦差提督学校御史谢廷杰、巡按直隶监察御史计坤亨、徽州知府崔孔昕、同知党馨、通判徐庭竹、推官郑宗君。”

右侧落款同正面。

“元戎分理”石牌坊竣工之际，许时润时年65岁（《涧洲许氏宗谱》记载许时润七世祖生于正德壬申，砌头村人）。

许时润由太学生累官“广西都司正断事”。从洪武年间开始，一些边境州县罢废后就转由当地的都司卫所行使原来由州县行使的民政权，以后就成为定例，在未设州县的地区设置卫所，这样，这一类卫所已经成了兼治军民的地方行政机构。边疆地区的都司、都指挥使、同知、佥事等职务由流官（朝廷或上级委任的，一般非本地人）担任。广西都指挥使司，简称广西都司。断事，明官职，正六品，断事司职理刑政狱讼。正，以别于副。“官粤西时值大饥，公置保伍赈民，活数万计。粤故多盗薮，迹得其穴，按捕之，盗悉骇散，境赖以安。”“所至理冤狱，革弊政，以循良称。”

《涧洲许氏族谱》记载：“公在职三十年，以信义结将士心。勤训练，明约束，恩威并用，赏罚无私。士卒有疾，躬为调药饵。尤能礼贤下士，不以势位矜，故时天下士咸乐与之游。性廉明好义，所得禄俸，悉散济族中贫者。”

1913年《涧洲许氏宗谱》记载，时润公解甲回乡之后，秉承父志，与时清等兄弟用父遗积蓄，聚同宗之力，重建宗祠。独于村内涧洲河上建“聚顺、三德、永安”三桥，并于梓舍干水口建“石街桥”，方便行人。修复万春书院、开设义塾、启蒙子姓。他天性孝友，乐善好施，是后世子孙家国情怀的楷模。

“元戎分理”，意指时润公在主政广西都司正断事任上体恤百姓，及时处理并解决民计、民生问题。“元戎”：主将。“分”：辨别、区分。“理”：《韩非子·和氏》“王乃使玉人理其璞”，引申为整治、整平。“分理”用于此，指“决定不但很及时，而且十分理智”。

“百粤司平”，意指时润公任职广西都司正断事期间明镜高悬，清正廉明，秉公执法。百粤：古族名，秦汉前分布于长江中下游以南，部落众多，故有百越、百粤之称。《吕氏春秋》统称越族诸部为“百越”，其他文献也有“百粤”“诸越”等称谓。广西属百越之地。司：掌管。平：平息、平定、均等、公平。

建坊者的官职依次为钦差巡抚右佥部御史，钦差提督学校御史，巡按直隶监察御史，徽州知府、同知、通判、推官，绩溪县知县、主簿、典史、儒学教谕、训导。

从建坊朝廷官员身份可以看出，许时润在朝野的影响力之大，朝廷褒奖之意不言而喻。主管教育官员位列其中，说明朝廷意在树立许时润为榜样，激励后人刻苦学习、奋发向上、成长为服务朝廷的栋梁之材。

龙凤牌上“恩荣”二字将牌坊定义为圣旨牌，意味着朝廷褒奖许时润的厥功至伟，给予他最高荣誉奖赏，为其家族、故里带来无上荣耀。

1991年7月2日，家朋村暴发百年未有的自然灾害，咆哮的山洪从天而降，冲毁村中明朝石拱桥五座，冲毁房屋292间和1300多米老街，“元戎分理”石牌坊随之倒塌、解体。山洪过后，村民们视石牌坊构件为瑰宝，硬是从涧溪河的泥沙中一块一块地打捞上来。

2020年8月，绩溪县人民政府拨款38万元，由安徽聚百意建筑工程有限公司董事长汪兆鹏承建恢复，2021年12月竣工。

仰望经过岁月、洪水洗礼的石牌坊，它显得更加熠熠生辉，更加魁岸巍峨。它不仅是明代石雕艺术珍品，具有观赏价值、研究价值和社会历史价值，更寄托着许时润对后人耕读传家、自强不息、兴家强国的殷切期望。历尽沧桑的“元戎分理”石牌坊重新矗立，表明它是一本教科书，一种历史传承，一座人们心中永远的丰碑。在国家大力弘扬继承中华优秀传统文化的今天，它秉持初心，为宜居宜业美丽乡村建设注入满满的正能量。

（洪新民、许恺）

磡头村节孝坊

磡头村有一座明代节妇石牌坊、一座清代乾隆节孝石牌坊及一座清代砖砌的节妇坊。三座牌坊展示了封建社会妇女的贞洁观念，也彰显了磡头人对妇女的尊重。

图片中的清代节孝坊位于磡头村祠堂桥下磡听泉楼29号（原许传成旧居门前）。周边均为当地的徽派建筑，南、西、北三侧紧邻的是一座清代民居，为牌坊所旌表女性的同族后裔居所。牌坊面对磡头村西水街道、涧洲河。

节孝坊旌表的是涧洲许氏十三世许树蟠（1698～？）之妻方氏，1913年版《涧洲许氏宗谱》记载“旌表节孝，奉旨建造”。树蟠与方氏婚后不久即病逝，没有留下子嗣。方氏“摘树培（树蟠胞弟）长子光辰为嗣”。使夫祀不绝，故谓之孝。方氏一心孤身守节，不辞辛劳侍上育下，坚韧、勤奋、隐忍，度过了50年漫长寂寞时光。

节孝坊坐西北朝东南，占地面积10.8平方米。为一门两柱四层石牌坊，用当地的花岗岩雕凿砌成。通高7.5米，宽3.36米，牌坊浮雕祥云和图腾图案，整座牌坊保存完整。

节孝坊的牌匾右上款“旌表故儒许树蟠方氏”，落款为“乾隆戊辰（1748）小春之吉，男光辰建”。牌匾的上方刻着省级行政机构“总督江南、江西等处都院尹继善，巡抚安徽等处都察院潘思渠，提督安徽等处学政观保，承宣布政使司陈悳荣”；府级“署徽州府知府王文朴”；“绩溪县知县萧昌，儒学教谕周天武”及“典史范忠”。据许传成介绍，牌匾最上面还有一块小匾，这是皇帝批准的记载，因数百年风雨侵蚀，字迹已不清楚。这座牌坊记载着审批的程序，清朝规定，建造节孝坊，节妇守至50岁才能报请旌表。因方氏事迹特别突出，由许氏族长向官府公举，按照程序逐级呈报，乾隆皇帝据地方申请，书面批准建造节孝坊。由嗣子许光辰出资为嗣母建坊，以彰节孝美德。

这座牌坊历经300多年的风雨侵蚀、社会动乱至今保存完好，成为珍贵的文物。

（洪新民　王志超）

阳川桥考

磡头村的涧洲河上有一座著名的石拱桥——阳川桥，又名涧洲桥，因桥建在许氏宗祠前，俗称“祠堂桥”，建造于明嘉靖年间。1991年7月2日，家朋乡暴发百年不遇的特大洪灾，磡头村明代建造的6座石拱桥中5座被冲垮，唯有阳川桥屹立如初。

阳川桥位于古村磡头中心区域，是连接东西水街的“六桥”中跨径最大的单孔花岗岩石拱桥。花岗岩石条铺成桥面，细石条做护栏。桥东接许氏宗祠前的节妇坊，桥西接猎神坛1号百货商店（原涧洲书楼，亦称涧洲书院）。桥长16.2米，宽8.8米，跨径7.1米，桥高4.8米。

《绩溪县志》乾隆版、嘉庆版皆记载，“涧洲桥，在十五都，里人许金建”。《绩溪县志》嘉庆版，“卷十二杂志”载：“许金，磡头人。奏表祖母节行，建祠，捐田以奉先祀，立义塾，以训族姓，修桥赈贫。”许金，一名牙，字廷坚，号涧洲，生于明宪宗成化九年（1473），年轻时在苏、浙一带经商，后成为绩溪县徽商巨贾、十五都首富。县志记载桥名是“涧洲桥”，镶嵌在桥中间的碑刻却是“阳川桥”，后者在现存的史料中并没有记载，只能从侧面作一些考证。

首先，建造阳川桥必须有充足的资金。许泰来是磡头许氏一世祖，从绩东云川大桥梅树下（今霞水村）迁来，绩溪话称之“新打天下”，没有三四代人的开拓、奋斗、积累，很难建成阳川桥。查1913年编《涧洲许氏宗谱》，涧洲许氏五世之前，无富商记载。许金是磡头许氏六世祖，1913年《涧洲许氏宗谱》记载，“富著当时，德垂奕世，好生钦恤，仗义急公”。说明许金不仅有相当的财力，更“仗义急公”。

从地理位置上看，阳川桥西接“涧洲书楼”。许金居住在东水街。据《涧洲重建许氏宗祠碑记》载，许金“于家之南拓地为宗祠”。宗祠大门正对涧洲河西岸的“涧洲书楼”，是他为几个儿子及族中子弟开设的私塾。据1913年《涧洲许氏宗谱》记载，许金“于村中建涧洲书楼为义塾，戚族佳子弟有贫不能读者，招之来塾，资以膏火，率各感奋成名以去。胡少保屏山（胡宗宪），殷内翰皆其造就也”。居所与书楼被河所隔，往来十分不方便，身为十五都首富的许金建一座石桥是一件顺理成章的事情，既方便自己，又连接东西水街，造福邻里。涧洲始祖许泰来从“绩东云川大桥”迁来，许金为纪念祖籍地，取桥名为“阳川桥”是情理之中。

“节妇坊”临阳川桥台而建。这是许金念其祖母章义体守节抚孤功德，将其“抚孤守志，玉洁冰清”的事迹上奏，获皇帝恩准，于1537年建成的。涧洲书楼与节妇坊分处阳川桥两岸，均为许金的杰作。连接这两座建筑的正是阳川桥，《绩溪县志》记载，许金建造，不容置疑。《涧洲重建许氏宗祠碑记》载“许氏自迁涧洲以来至金，实益光大之，故金号涧洲”。《绩溪县志》乾隆版记载为涧洲桥，选择用其号为桥名载入史册，“正以昭其光大之功”。

阳川桥，跨径大于涧洲河上另5座石拱桥，桥面宽阔，坚固，气势宏伟，泄洪量大，说明：一、许金有长远的眼光，特别重视工程质量。建桥工匠们具有丰富的施工经验，建造中既要考虑桥的牢固，又要考虑节妇坊的稳固，对承受水流冲刷的桥基、河岸均做了充分防护。二、他的财力雄厚，达济天下。三、涧洲书楼正门前就是涧洲河，桥面比较宽，桥两侧用石条作护栏，既能拓宽孩子们的活动空间，又能确保孩子和行人的安全。1991年的百年不遇特大洪灾，阳川桥之所以经受住考验，并非侥幸。

阳川桥体现了许金的勤劳、智慧、才干和奉献，展现了磡头村石匠艺人们的工匠精神，是古村磡头的宝贵历史遗产，后人要倍加珍惜。

寿山桥与寿山庵

磡头村著名的“三屏五墩六桥八景”，寿山屏是三屏之一。在寿山屏的山脚，有一座奇特的寿山桥，北接寿山屏石崖脚，南接白塔寺，桥长18米，孔径10.8米，面宽5米，高10米，是纵联无框式石拱桥，桥的左上侧，有燕翅石塝墙加固。这座桥的石料全部采用花岗岩，没有使用任何黏合剂，是造桥者独具匠心的设计。寿山桥历经近五百年的风雨沧桑，岿然不动。石头上长满青苔，桥两侧古老的树桩和藤蔓倒映在清澈见底的数丈深潭之中，如一幅亮丽的风景画。

寿山桥

乾隆《绩溪县志》记载：“寿山桥，在十五都，许时清建。”自古以来，磡头、和阳、荆州一带乡民出外经商、贸易往来，去宁国、武汉等地，都必经寿山桥。这座桥记录着深山多少人的悲欢离合，承载着多少人的希望与梦想。

许时清（1507～？）是洞洲许氏七世祖，“一名三仁，字伯直，号月溪，诰授奉政大夫”，是有明一代绩溪富商许金的三子。“父亲廷坚（许金），富甲一邑，乐善好施，为世称颂”。许时清深受父亲的影响，乐行善事。嘉庆《绩溪县志·人物篇》记载，“许时清，重建宗庙以奉先，广修桥梁以济众”。

许时清参与了重建许氏宗祠，又建成了寿山桥。功成名就之后，遂选村外二里地寿山桥北西侧筑别墅，作为颐养天年的寓所，取名为寿山庵。远远望去，只见石屏山下的寿山庵前洞洲河与中星溪河交汇，碧水回澜；庵前有一片篱笆，围着几间青砖黑瓦小屋，环绕小屋种着一片翠竹，后院还有许多苦槠子树，十分清净雅致。其景貌似马致远笔下的“小桥流水人家”，颇有陶渊明“采菊东篱下”的诗情画意。

寿山庵坐北朝南，依山傍水，俯览溪水，游鱼嬉戏；环视四周，良田百亩，洞洲“二屏五墩八景”尽收眼底；抬头远眺，则有“甑山毓秀”，猴子山巅“猴子探海”，巍峨的门前岩像一幅巨大的屏障，仙人庵奇松怪石林立，“峦回天马”如入仙境。寿山庵落成后，许时清设佛堂于庵内，“佛亦效灵，顶礼焚香者至今不绝”。许时清在这里“有酒学仙，无酒学佛”，“兴会所至”，“或以文写情，或以诗言志”，“著作甚富”，过着逍遥自在的田园生活。

寿山庵的左侧是寿山桥，桥的东边是磡头胜景“白塔寺”，中星溪水直泻白塔寺下，冲击寺脚的石岩形成巨大回流，状如镰刀，村贤取名“金钩卷镰”，列为磡头八景之一。寿山桥的西边是善坑口，前面就是洞洲河和中星溪河的汇集处；善坑口北向是狮子山，一河之隔即寿山屏。这座山又像一头大象，狮象隔河相对，风水地理先生称之为“狮象锁门”，构成了磡头村集瑞聚祥的水口。

站在寿山桥南，放眼北望，有三坪胜景，一坪是诸天庙，庙内供奉24位诸天神（此庙后被毁，诸天神被送进榨油厂炉膛，庙址尚在）；二坪有两个

磡头村水口风光

象鼻孔，据风水先生说这里石刹太重，两个石孔能消除这里的瘴气；三坪在寿山屏顶，范围较大，四边围着石卡，用来抵御外敌侵犯。

据今年85岁的“磡头通”许传成介绍，许时清仙逝后，其后代享受不了这里的景致，放弃了寿山庵堂。清朝曾重建寿山庵，住进一些尼姑。他见过两位尼姑，解放初期还俗。后来，庵堂毁坏，土改前办夜校，将合抱围的苦槠树砍光，变卖木材，用于购油点灯。

尽管许时清的寿山庵和这里的许多文化遗产被历史的尘埃湮没、被社会变革洗刷殆尽，但是许时清建造的寿山桥历经近五百年狂风暴雨的洗礼，还是那么稳固，傲然屹立！如今通了公路，寿山桥不见昔日的辉煌，但仍以独特的魅力吸引着游客，展现它的历史价值。寿山庵已经不复存在，但不变的是其四时景色依旧，青山壁立、绿水长流，处处鸟语花香。磡头人对寿山庵的怀念，将一代一代地传承，成为永久的记忆！

清潭桥的故事

伏岭镇（原胡家乡）胡村自然村水口，有一座清潭桥，桥名缘自桥下有一清澈的深潭，俗称胡村桥。因桥北有座从龙岱，所以胡村人又叫它“从龙桥”。

清潭桥始建于明代，由许栋捐资，涧洲（现称磡头）村石匠艺人设计建造。据《绩溪县志》乾隆版记载，“清潭桥在十五都，里人许栋建”，桥长20米，孔径12米，面宽8米，高10米。北接龙岱山（山如象形又称象山），南接胡村石印山脚真武庙（此山形如狮子，又称狮山，乃胡村水口“狮象把门”）。

清潭桥所处胡村水口，地理位置十分显要，二十世纪九十年代前，是东源大道的要津。东源大道起自水码头临溪，经十、十一、十二、十三、十四、十五都，越峤岭进入浙江昌北地区，往北延伸去宁国、浙江安吉，远至苏、沪，是重要商旅捷径。胡村旧属十五都，磡头是十五都首村。胡村清潭桥是磡头南面的门户，也是磡头人前往县城、徽州府城必经孔道。

桐源河水直冲胡村村北象山石山脚，河水受阻形成回流。南有狮子山石山脚，两山对峙，形成峡谷（绩溪县著名自然景点“狮象锁河口”，胡村人叫“狮象锁水口”），山谷狭窄潭深水急。胡村人常在这里搭木板桥方便行人，遇大水桥毁路阻，路人只能望水兴叹。水位稍降，胆大者冒险从下游河宽处涉水，常有溺亡悲剧发生。行人怨声载道，又无可奈何。上下邻村村民屡议想修石桥，都因耗资巨大而未果。

涧洲许氏六世祖许金的嫡孙许栋（1537—1599），是旺族之后，常来往于磡头与县、府之间，途经此水口险地，耳闻目睹胡村“狮象锁水口”交通不便，立誓愿捐巨资在这里建桥。

他自幼受家风家教熏陶，常怀积善之心。《绩溪县志》（乾隆版）有载：“涧洲桥，在十五都，许金建”“寿山桥，在十五都，许时清建”。许金、许时清分别是许栋的祖父、父亲。嘉庆版《绩溪县志》人物篇记载，“许时清，重建宗庙以奉先，广修桥梁以济众”。祖、父言传身教，许栋于花甲之年，遂倾家所积，建成清潭青片石拱桥。一时名声大振，美名远播，十里滩回，皆尊称许栋为“潭桥公”。其事迹不仅载入《涧洲许氏宗谱》和《绩溪县志》乾隆版等史册，一家三代接力建桥，也在省内外和台海宗亲中广为流传。

父建石街桥　子铺石板路

绩溪县家朋乡梓舍干村水口有一座单孔石拱桥——石街桥，俗称石门口桥。它东西横亘在“溪中星河”（俗称和阳河）上，桥的西端是地湾脚，地湾上方有一块开阔地便是曾经兴旺一时的古刹——福田寺遗址。福田寺山脚叫石街子，石街桥因此而得名。桥的东端是坟湾脚，坟湾上方就是猪头形状小山头，即磡头人传说“寅时葬，卯时发”的坟水宝地猪形。过石街桥往北经胡田，上党坑、何口舍，翻越松烟塘，便是佛教圣地小九华。桥的西侧是登源古道经十三都、十四都、十五都，去浙江昌化必经之道。

石街桥是涧洲许氏七世祖许时润（1512—1597）独资建造。据1913年《涧洲许氏宗谱》记载，“村中有三桥并石门口桥路，皆公独资所造，以济行人”。桥长10米，面宽4米，高6米。这里是溪中星河的咽喉，河床全是裸露的“铁林”岩石，经过千百年的冲刷，形成了石槽式河床，桥下是深潭，沉积细沙、砾石。石斑鱼、红尺梢鱼在这清澈的水底拱沙、追逐、戏水，自由自在。桥墩建在槽边缘的“铁林”石壁之上，十分坚固。历代山洪暴发，肆虐的洪水漫过桥面，曾多次冲垮东引桥形成洪水突破口，而主桥体始终无恙。引桥一次次被冲毁，村民们再一次次修复。83岁的程龙富老人告诉我们，1991年“7·2”洪灾中引桥被洪水冲毁后，时任生产队长的方观交组织村民捐工捐资，在引桥处又做了一个拱桥，有助于山洪暴发时泄洪，避免引桥冲毁。如今，数百年的石街桥两侧，长满了藤蔓，鱼藤妆成彩虹带，万条垂下绿丝绦，给石街桥装扮得十分绮丽，古老的石街桥洋溢着青春的气息，胜过当年的喧嚣，一如既往地让路人畅通无阻。

许时润是涧洲（今称磡头）许氏六世祖许金的四子，“胡少保屏山”就读“涧洲书楼”时的同窗，“由太学生累官至广西都司正断事”。他的曾祖母章义体是磡头许氏宗祠前“节妇坊”旌表的伟大女性。章义体逝后“殁葬坑上鹭鹚形”（在桥的东边），涧洲许氏有许多祖坟也安葬在对面山坡的猪形山。时润从小随父祭祖必经石街水踏步，深感涉水之苦，遂立愿在此建桥，方便行人。这里也是福田寺与小九华佛寺往来的必经之道，十五都人去小九华烧香拜佛必经去处；磡头许氏诸多祠产，如“所字号，下党坑前干碓边水田、中下党坑汪姓水碓后麦田”“无字号，石门口龙蓬间麦田”“所字号，上党坑牛栏党山场”等管理都要经过石街涉水。许时润卸职归乡后，遂在福田寺山脚建造“石街桥”，方便乡里，利济行人。

许时润生有五子：许楠、许枢、许校、许梧、许机。他去世后，葬于和阳坞高峰山虎形。长子许楠“直隶州广平府经历，改广东海阳县县丞，诏进浙江大平县知县”，传承父亲优良家风，修桥补路做善事。他在石街始经和阳坞去昌化方向的古道上铺石板路数百丈，在和阳坞造“惠济桥”。嘉庆版《绩溪县志》有载，“惠济桥，在十五都和阳坞，许楠建，又建砌福田寺脚石路百丈”。

虽然许时润父子已逝去数百年，但是“父建石街桥，子铺石板路”，优良的家庭道德传承成为佳话流传至今，教育着一代代磡头人。磡头人修桥补路，建茶亭、造路亭，方便行人，蔚然成风。

许时润父子建造的桥和路，没有因时间的流逝而消逝，而是将永远利于人们前行！他们那种乐于奉献社会的高尚品质，有一种鼓舞力量，永远推动着社会文明进步！

许沛苍“利济行人”故事的启示

翻开磡头《涧洲许氏宗谱》的历史画卷，星光灿烂。有“开天辟地”的涧洲许姓始祖泰来公，有孝敬公婆、抚养幼子、睦邻友眷、丧夫终身不嫁、誉满乡梓钦奖节妇坊的章义体，有修桥开路、济人于危困的许金，有无数给磡头村增辉添彩的能工巧匠……全书共10卷，没有华丽的辞藻，只有朴素直白的语言，点点笔墨绘就出闪耀了五百多年的满天繁星，让人陶醉不已。其中，给我印象最深的是沛苍公独资建造石拱桥的事迹。

许沛苍独力建造的“天助桥”

许沛苍（1838—1911），磡头村许氏十七世祖，当时开了“鼎兴”商铺，磡头人都叫他许鼎兴。他因善于经商而富甲一方。沛苍从小深受父亲锦炎公“谦恭接物、忠厚传家、孝友承先”的家庭教育影响，发家致富后不忘接济乡邻，乐善好施，乡亲们都称赞他“为人秉性刚方，持躬正直，以善积赀钜富，既能积而又能施”。

磡头村穿越和阳抵昌化是古时通往浙江的必经驿道，纵横于善坑口与周村庄之间的星中溪河，“潭深而岸宽，旧有石梁，久圮”，“山洪涨，辄病涉”，行路的人必须绕道或蹚水过河，十分不便而且很危险。“乡人屡议凿石修复之，乃以工大费钜议辄止”。沛苍“善能积，尤善能施”，“慨然发宏愿，捐钜资独力建筑，越三载而告竣”。“而公直以一人之力担负是桥，且躬勤其事，务观厥成”，这在穷乡僻壤之地从古至今“盖不多见”。

建成的单孔石拱桥，桥长25米，宽7米，高10米。沛苍公为它取名“天助桥”，桥中央的石刻“天助桥”三字至今仍然清晰可辨。他儿子还特地在磡头方向的桥头建造了一座路亭，为路过的行人歇力挡雨。

据史料记载，造天助桥时沛苍公已年迈，却亲力亲为操持造桥事务。“历时三年，耗去白银3000余两”。桥竣，“公以宏愿既偿，瞑目而逝”。可以说，沛苍公是为造桥而耗尽心血。

乡亲们将捐资造桥的沛苍公举荐给当时的县令宋履丰，宋履丰上报给皖督倪公，奖给沛苍“利济行人”四字匾额。知事江慕洵“制给宋公暨县署第三科科长耿君介并誌其颠末碑于桥右，以垂不朽”。

沛苍“既能积而又能施”是一种优秀家风传承，是一种不为名不为利、好善乐施的家族精神，是一种承祖积德解乡邻危困的宗族精神，是一种奉献社会的民族精神。这种精神在今天仍然有着积极的意义，应当传承和发扬。

一个家庭需要这种精神，有了这种精神，家庭会形成良好的家教家风，影响到家族成员，从而影响到一个村的道德风尚，造就一个村的优秀传承文化。

一个家族需要这种精神，有了这种精神，有文化的就会帮助没有文化的；有气力的就会帮助没有气力的；能力强的就会帮助能力弱的；富有的就会帮助贫穷的。这就形成一种优势互补、济困扶弱的风气，就会带动族人走上共同富裕的道路，这个家族凝聚力会增强，幸福指数就会提升。

一个宗族需要这种精神，有了这种精神，就会胸怀大度，不计得失。当宗亲需要的时候，就会挺身而出，有钱出钱，有力出力，有智慧出智慧，没有办不成的大事，没有解决不了的困难。

一个民族需要这种精神，有了这种精神支撑，当面临自然灾害，面临疫情，面对外来威胁、侵略，都会时刻听从祖国召唤，万众一心、勠力同心凝成不可抗拒的民族力量。

读《涧洲许氏族谱》感受到的不仅仅是磡头许氏家族600多年的历史，更能感受到像沛苍公这样“既能积又能施”精神力量的传递，推动着家庭发展，推动着宗族前行，推动着社会文明进步。

虽然沛苍公已经逝去一百多年，但是，他那种不为名不为利、乐于奉献社会的精神，深深地感动着我，绝不会随着时间的流逝而消逝，它如一盏永不熄灭的灯，照亮着我前行。

普济桥考略

普济桥坐落在家朋乡境内的戈溪村水口，当地村民称之为“新桥”或“天济桥”。此桥东接虎形山脚的虎头，西接对岸山脚拔秧坞口，是一座两孔石拱桥，中间桥墩之上还做了一个假孔。桥长30米，孔径10米，宽6米，高8米。据1988年《绩溪县交通志》记载，此桥为“清末，磡头村许松馥建”。

普济桥东头曾建有一小庙，庙内有一金尊镇河神菩萨，专职守护石桥，保佑其稳固。自大桥建立以来，一百多年间任山洪暴发，岿然不动。

一直以来磡头人称这座桥为“普济桥”。2022年2月9日，我写成《普济桥的传说》一文上传到“涧洲许氏宗谱”宗亲群，第二天，磡头网民许金顺告诉出租车司机许道有（涧洲许氏宗谱理事会成员），阳戈溪水圳有一块踏水路板是桥碑。许道有偕客人许梦华一同前往阳戈溪验证，见有“济桥碑”字样，碑上雕刻着密密麻麻的捐款人名字及捐银数量。桥碑文记载，建于“民国八年岁次已未桂月 谷旦”。

2月16日，许道有带我和《润洲许氏宗谱》续编版主编许金河、常务理事许水淦查寻挪做水踏步用的桥碑。阳戈溪汪宗琪前来介绍桥碑去向，告诉我们二十世纪七十年代，戈溪茶亭内竖有四块碑，茶亭倒塌后，戈溪人将碑移作他用。一块做水圳踏水板；一块在通往阴戈溪路上做路板；一块在河边当洗衣板，后被大水冲走；一块在戈溪电站出水口做挡板。我们随汪宗琪去寻找阴戈溪路上的桥碑，碑被用作路板，路人行走了几十年，大部分碑文字迹已近磨平。碑的一部分被一块石灰砂块压着，许金河用石头砸断石灰块，碗大的苍劲有力“天”字石雕刻露了出来。这两块拼在一起就是“天济硚碑”，故认为普济桥又名天济桥。

4月22日，我与副主编许跃光再去戈溪现场勘察，发现部分桥碑文被泥土覆盖，借来铁钎除去泥土，现出“新建”字样，与另一块“天济桥碑”石刻合在一起，便是“新建天济桥碑”；再去石拱桥伏身细细观察中间桥墩上方，有石刻“普济桥”三字。

“新建天济硚碑”石刻捐银人名单，根据碑刻字大小估计捐银造桥者有近800人，捐款数额不少，众人及石匠们认为桥应取名“普济桥”。造桥人许松馥时年38岁，被乡亲们赐号“老建”，为突显其造桥功德。许松馥在民国八年（1919）撰写碑文时用“新建天济桥碑”（别于民国四年胡家村胡桂森在梓棚村村头募捐建造的“天济桥”），与其父亲建的“天助桥”相传承。我认为这是桥上刻的桥名与碑记不一致的客观原因。从碑文落款和整体性分析，“新建天济桥碑”仅找到两方，待找到另两方碑后才能判读出碑文完整内容。

天济桥地理位置十分重要。二十世纪八十年代桥和公路（38号桥至和阳）尚未竣工，荆州、磡头、和阳去域外经商的必经之道就是经寿山桥，五里横圳，过阳戈溪村，跨普济桥（登源古道的要冲，也是十五都首村磡头村的北大门）。戈溪是磡头河水和胡家桐源河两条大河在阴阳戈溪汇集之处，终年水量充沛。据阳戈溪村84岁的老先生汪业水说，在没有造石拱桥前，戈溪人在桥的上游50米水流相对平缓处搭踏水桥，方便来往行人。每遇涨水，踏水桥便会被大水冲走。水退后，戈溪人又将踏水桥搭起来，如此反复。传说有一年，磡头10名妇女结伴去兵坑采茶，挣点零用钱。采茶结束后，她们兴高采烈地回家，到拔秧坞口一看，踏水桥被大水冲走，当时戈溪尚未建桥。她们回家心切，以为能够蹚水过河，为了保险起见，十人手牵着手过河，即使有人滑倒，其他人还可以把她拉起来。可是越往河中走，水流越急，水越深，走到河中间，带头的妇女站立不稳脚下一滑，被大水冲倒，第二个拉不住，又被大水冲倒，可怜10位妇女陆续被冲走，无一幸免。这一惨剧深深地印在磡头人的脑海里，刺疼了多少代人的心。

磡头村富商许沛苍，1910年出资3000多两白银建好“天助桥”后，受到县衙的表彰，扬名乡梓，他感到无比的欣慰。后因年事已高，修桥劳累，一病不起，他躺在床上仍时常想起戈溪水口的陈年旧事，叹息不已。临终前，他把三个儿子叫到身边，把一生的积蓄交给儿子，嘱托他们齐心协力建造戈溪桥，为子孙积德行善，了却自己心头的梦想。

许沛苍次子许松馥，又名建安，人称“老建”。皖督倪公奖“利济行人”堂匾，以表彰其父造“天助桥”功绩，这一殊荣让他颇受激励，于是子遵父嘱，组织筹款，在戈溪水口虎形头建造石拱桥。当时松馥的大哥许松康，民国二年（1913）被选举为本区议员兼调查员，三年又举为本邑团防总局团董，影响力很大。许松馥的义举获众多乡邻的支持，又得利于其大哥的声望，众人拾柴火焰高。十五都的许多富商、热心公益的村民纷纷为建桥捐款，磡头、荆州一带在武汉、上海经商的富豪们也慷慨资助。

许松馥招集曾参加建造“天助桥”的两支施工队，一支是昌化石匠艺人组织的建桥队伍，另一支是磡头石匠艺人许桂年为首的石匠队伍。他们沿用造“天助桥”的老规矩，每支队伍各造半座桥，工款均分。83岁的许传成

（磡头许氏20世孙），2020年回忆说，东西两端桥台基础的工程量不等，东端靠山脚，工程量相对小一些。主事人许松馥是磡头人，不能有偏向，当时又没有更精准的测量手段，只好采取“好汉签上死”，通过抽签定施工段。客人优先，昌化施工队先抽，抽得桥的西端施工任务。

据许传成介绍，石匠行中传说，普济桥用的石料取自三里外的上游寿山庵脚河中，河中有青麻石和普通麻石。青麻石坚硬又不易风化，桥的下半部全用青麻石。为了提高工效，许桂年、许家驹等师傅把剖成的每一块方石料标上数字，二人或四人或六人抬不等，每块石料按运料人数付款。运输石块用两种方式，视河水充沛与否采用木排水运或人力搬运。

松馥的儿媳许长仙回忆说，当时昌化人建桥基础施工异常艰难。这里河面狭窄，潭深水冷。东家送去一坛坛白酒，桥墩基础施工的昌化师傅，靠喝酒才能潜水清理桥基，过一会儿必须上岸换气。戈溪村的老一辈人至今还在传说，当时基础砌好后，河中桥墩无论如何垒不起来：第一天明明垒了一米高，第二天石块却散落一旁；第二天砌起来，第三天去还是原样。迷信的人说一定是断了河神的财路，河神生气了，必须用童男童女来祭河神。汪业水老人说，当时买了两个木俑童男童女及铁蜈蚣，祭祀过后施工就顺利了。而磡头许氏20世孙许友飞说，造普济桥时他爷爷洪稳是被选中的幼童，太爷爷锦毓曾用箩篓挑着儿子去戈溪新桥祭河神（估计是一种仪式），祭祀后桥墩越砌越稳，自此后他爷爷就改名“得稳”。时过百年，当时究竟采用何种方式祭祀河神已无从考究，但有一点可以肯定，建桥人希冀建起的石桥必须一

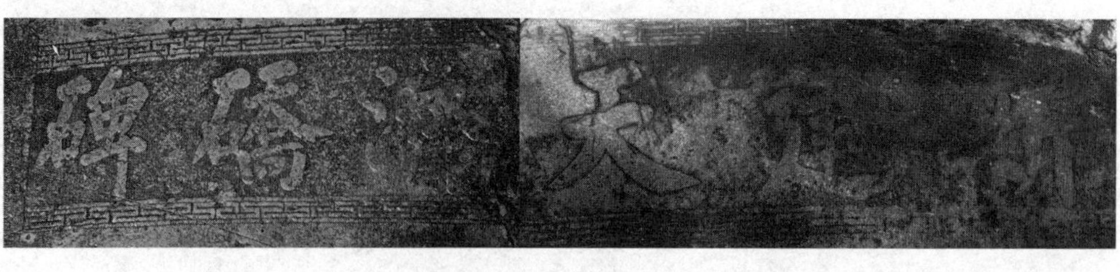

劳永逸，祭河神仅是寻找精神安慰罢了。过去建桥是不允许建双孔的，河中桥墩上就建了一个假孔，以避免二孔之嫌。

汪业水老人还记得，桥亭小庙里的菩萨在他十几岁时被人偷走。他二十几岁时，当地发过一次大水，洪水漫过石桥，冲走了桥头的小庙。1991年“7·2洪灾”，家朋乡发生百年不遇的大水，磡头村冲走房屋四十多间。当日，37岁的汪铜元厂长在戈溪纸厂后山上观看，戈溪河水漫过石拱桥2米多高，无数的木栋梁，横坯屋架一涌而下，但是整座石拱桥安然无恙。可见，桥头小庙和菩萨只不过是一种摆设，真正使桥经受住大小洪水冲击的是那些充满智慧、讲究百年大计、一丝不苟的建筑工匠们的精湛工艺。

河水无言，岁月如碑。普济桥铭刻下老辈石匠艺人们不朽的智慧和功勋，也让磡头许氏宗族热心助人的精神熠熠生辉！

汇南第七桥

磡头汇南“第七桥”，俗称“新桥”或“水口桥”，为徽浙古道上的重要桥梁。东西通向，桥高6.5米，宽5.7米，长11.0米。现在仍为附近村民到田间地头劳作的必经之地。

道光年间，由涧洲许氏十五世祖垂佩，学名邦桂，倡议村民集资建造，历时三年而成。桥的背面有“天柱凌云”四字额。

“汇南”指村中由南往北流的“涧溪”“溪中星河”诸条河水汇集于此，“汇南来之水”也。“第七桥”系因磡头水街从上游到下游已有6座石拱桥，此为第七座桥（日本投降后的1945年冬，村人在桥西用砖建造一个方体锥形近2丈高的抗战胜利纪念塔，四面碑塔文，年久倒圮）。

桥东100米左右有“醉春园”旧址。“醉春园”为清代光绪年间许锦魁（学名蔚屏，号伯韶）所筑，后改为“丹山公祠”，奉其父许垂佩（号“丹山”）为始祖。俗称“五间楼”，清末民国初毁，后其族裔改建。桥南有“涧洲八景”之“洲涌金鱼”（新建污水工程时毁）。

与“涧洲六桥”相比，该桥迟至道光年间建造，历史最短，故称“新桥”。又因该桥位于磡头村的水口，故又称“水口桥”。

茶亭·路亭

磡头村中听泉楼通道原来兼做茶楼，而出村之后往四个方向的7条路上也大多有茶亭和路亭，方便行人解渴、吃冷饭粿和休憩。

听泉楼茶亭

始建于明嘉靖三十五年（1556）的听泉楼（磡头人称“水阁楼下”），背靠许氏宗祠，凌驾在涧洲河东水街上，是“磡头八景”中唯一处于村内的精致建筑。清道光十七年（1837）洪水中被冲毁，咸丰己未（1859）磡头许氏筹资重建，当时的绩溪县令王峻特撰写《听泉楼重修记》匾额悬挂在临河一面的楼中间。不知始于何时，风景亭成了茶亭，供过往的村民和行人乘凉解渴。人们在茶亭内喝着大碗茶，聊着天，十分惬意。茶亭的支出由宗祠负责，中华人民共和国成立后断了经费来源，茶亭上摆起了猪肉案，开了小店，而今又恢复了风景亭的原始功能。

大河口茶亭

大河口茶亭分里茶亭和外茶亭。里茶亭在普济桥（俗称“戈溪桥”）往大河口的弯道处，普济桥建成后曾在亭内立了四块青石碑，记载普济桥建造的始末和捐银者名单（今存两块曾被戈溪村人当作石板铺在河边的田埂路上）。外茶亭设在大河口路边，由磡头章氏家族出资建造，委托许海顺一家施茶。河对面是上中下坞，磡头人进坞种山、砍柴，所以来来往往的人很多，夏天喝茶的人多，开支比较大。每到秋收时节，海顺就会进磡头收取稻谷（一般是在田间板屋头上收取，3斤、5斤随意给）。许海顺生六子一女，改革开放后开通了38号桥到磡头的公路，茶亭完成了历史使命。许海顺的几个儿子建了新居，仍然定居在大河口。

荆磡岭茶亭

过荆州的荆磡岭上，磡头人不仅修建了一座茶亭，还建了一座路亭，许家斌曾题写了对联。过荆磡岭上10里下10里，在开通荆磡公路前，所有的粮食、油盐百货都靠人工肩挑搬运，十分艰辛。在茶亭喝点热茶，吃点冷饭粿，解解乏，疲劳顿消。茶亭和路亭外不仅风光秀丽，而且有许多山楂树，红透的时候，酸甜可口，也可以充饥。从方家村进仙人谷，上长岗岭往荆州，在磡头许氏最后一任族长许垂木（小名德荷）的倡导下，1943年磡头石匠许桂年、许灶庭、许灶童、许根如等择址仙人庵的水竹凼建造了一座石拱路亭，至今完好。

金光岭亭、峤岭亭

往东过昌化要经过周村、梓舍干、榧树坑、水碓下、和阳坞越峤岭到临安的仁里（今已通公路），磡头人不仅建造了汇南第一桥（俗称“新桥”）、天助桥（俗称“葫芦潭桥”）、石街桥、惠济桥，还在金光岭和峤岭上分别建造了两座石拱衬缝路亭。

滥田凹亭、阳和岭亭

磡头到竹里原有一条石板路，登上约2华里的阳和岭上，磡头人曾建造了一座砖瓦路亭，翻下去1华里就到了竹里村。公路开通时这座路亭已倒塌。在绩溪岭凹，涧洲许氏宗祠曾在土名“滥田凹”，建造了一座石墙瓦顶路亭（已毁）。

几百年来，磡头许氏热衷修桥铺路，建造茶亭、路亭等公益事业，名声远扬，载入史册。随着时代的发展，许多茶亭、路亭都失去了它的存在意义，但是许氏宗族这种热心公益事业、积德行善的精神仍在传承。

（参考选编自《磡头志》）

第三篇

磡头民俗

老家磡头节庆风俗杂忆

我的老家，绩溪县家朋乡磡头村，始建于北宋，至今已有千余年历史，一直为绩溪古十五都第一村和岭南片大村。其俗以徽风为干，间受安徽宁国府和浙江临安影响。不揣浅陋，凭借些许记忆，以农历为序，撷取全年节俗一示，以飨诸友并求教方家。

——初一朝 即农历正月初一，为一年之始，亦为一年中最隆重的节日。清晨，平常人家以一杯清茶、一盏甜茶（多以红枣、蚕豆或红豆、白木耳、莲子等混煮而成）、一盒糖果糕点、一份茶叶蛋和一碗水面为早点，寓意是一年甜甜蜜蜜、顺顺当当。上午是至亲之间相互串门、拜年，或是围坐聊天，或是打牌娱乐，中午、晚上是至亲之间围坐餐叙。依稀记得，文革后期和改革开放之初，大队（行政村）还要组织队伍（多以中小学生为主），于大年初一上午，敲锣打鼓前往烈军属家里慰问，甚是热闹。

——正月半 即农历正月十五。这天一早，家家户户都忙活开了，既要做蒸包袱饺，还要准备祭品“贡献”，用于迎接“上天多言人间好事”的灶王爷的归位。

——二月二 即农历二月初二。徽俗常云，拜年拜到二月二。似是大年过完了，该开始正式干农活了。事实上，勤快人家早已开始忙碌了。这一天，家家户户都要裹粽子、吃粽子。吃不完的，就当是后面一段时期上山干活的午饭了。

——清明节 这是老家最隆重的节日之一，其热闹程度不亚于过年。这一天，家家户户早早地就起来做好蒸包袱饺和清明粿，准备好祭祖的“贡献”等物品。八点多钟，举家出动去祭扫祖墓，又称“挂钱”。在祖墓前，须行礼如仪：铲除祖墓前的杂木乱草，摆上“贡献”和斟满酒的酒杯，挂上纸串形状的“纸钱”，鸣放爆竹和鞭炮，焚烧冥币、纸金锭和火纸，上香洒酒祭祀。一套程序完成后方可离开。小时候“挂钱”结束回家途中，见河边道旁柳枝已泛青发芽，忍不住与小伙伴们折上几枝，做成“帽子”戴在头上。最近查阅了相关资料，始知古时清明节即有折柳、戴柳、插柳之俗，有祛疫避邪之寓，于今看来，这也算是无心折柳柳有意了。

——端午节 即农历五月初五，正是蚕豆、豌豆等成熟时节。这一天，条件稍好的人家，都要做极具绩溪特色的蒸包袱饺——水馅包，还要吃雄黄米酒、嚼炒蚕豆。

——安苗节 此节无固定日期，而且各村节期也不尽相同。一般是在已经完成麦收、水稻秧苗等秋收作物种下田（地）以后，由村里主事人出帖子（相当于告示）以安苗。因各村农忙进度不一，故节期各异。安苗节，顾名思义，当为庆贺小麦丰收，更为祈愿水稻顺利生长、五谷丰登。这一天，家家户户拿出新麦碾出的面粉，做包做粿，并邀请未过安苗节或已过安苗节的亲友一起来分享与品尝。

——七月半 即农历七月十五，道家称之为“中元节”，民间则俗称为“鬼节”等。此节系沿袭上古时代的祭祖节而来。因时值初秋，部分农作物成熟收割，农户为庆贺丰收、祭祀祖先、酬谢大地，除做包做粿作“贡献”外，还佐以新收获的农作物果实（如新稻米等）祭供，向祖先报告初秋收成。其实这是一个追怀先人、敬祖尽孝的传统文化节日。

——中秋节 即农历八月十五，又有“仲秋节”“团圆节”等别称。上午，家家户户各展所长，做成各种馅料的蒸包袱饺作为中餐。晚上吃过团圆饭后，如遇天公作美，则于自家院中摆上桌子，将月饼和新收获的花生、板栗、葵花子、南瓜子等置于桌上，一家人围坐一圈，或聊天闲谈，或望月赏月，或嗑瓜子、吃花生板栗、品味各色月饼，其乐融融。

——十月半 即农历十月十五，是民间传统的下元节，流传有祭拜亡灵的习俗。照例，这一天家家户户都要做蒸包袱饺，除自己食用外，少数作为“贡献”祭拜先人，同时会祈求下元水官能够为家人排忧解难、保佑平安。

——腊八节 即农历腊月初八。这天一早起来，家家户户都忙着煮腊八粥，以大米、糯米、赤豆、花生、红枣、白果、莲子等为主料，辅之以肉丁、豆腐丁、桂元肉或荔枝肉等配料。煮熟之后，香气四溢，甜美可口。腊八粥熬成后，先盛一碗用来敬神祭祖，之后须在中午之前分赠亲友和邻居，然后才是家人食用。吃剩的腊八粥，保存着吃了几天还有剩余的，却是好兆头，寓意“年年有余”。

——吃年饭 即腊月二十四，俗称过小年。这一天，除依旧俗要做包做粿、除尘、祭灶之外，晚上还要准备丰盛酒席，邀请亲戚好友前来饮酒吃饭。有的人家亲朋好友比较多，还要分大人、小孩摆上二三桌。许是为过大年预演或暖场的缘故，家家户户对这一天都很重视，佳肴尽出，爆竹鞭炮声也此起彼伏，烘托出浓浓的过年氛围。

——三十夜 即农历岁末的最后一个夜晚。因其常在农历腊月廿九或三十日，故这一天称大年三十。三十夜后来演绎出“除夕”“除夜”等雅称。白天，要挂好年画，粘贴春联、窗花和福字，比较讲究的人家还要悬挂大红灯笼。当然，最让人期待的还是晚上的年夜饭，又称“封岁饭”。一通爆竹后，年夜饭就开张了，珍馐盈桌，其中火锅和鱼是必不可少的，盖因火锅热气腾腾、温暖慰人，预示家庭和谐兴旺，而鱼与“余”谐音，象征“吉庆有余”。饭毕，一家人围坐八仙桌旁，一边嗑瓜子花生，一边闲聊话家常，谓之“守岁”。小孩们坐不住，时时跑到院里放焰火，五彩斑斓，缤纷绚丽。期间，长辈拿出红包，给晚辈发放压岁钱，往往引得一阵喧哗。这天晚上，村里爆竹、鞭炮声时密时疏，一直响到初一朝天亮，正应了“爆竹声中辞旧岁”的古俗。农历的一年就此画上了句号。

（作者唐德金，系黄山市教育局原党委副书记、黄山职业技术学院原纪委书记）

磡头庙会·安苗节

磡头的传统民俗在中华人民共和国成立后逐渐消失，这是时代发展的必然，也是扫荡“四旧”的巨大成果。随着宗族势力退出历史舞台，依赖封建传统和宗祠祠产支撑的许多民俗活动难以为继。而科学、民主意识的不断增强，带有浓厚封建迷信色彩的民俗活动失去民意的基础自然无法延续。而发掘有进步意义的民俗，融入时代特色，传承民族文化，在弘扬时代精神，树立文化自信，促进文化旅游，振兴乡村中，却是不可或缺的重要一环。

大年会

磡头的传统民俗活动主要有庙会、太子会、施孤会、安苗节等。庙会，是农民期盼神灵保佑、人寿年丰的重要活动，寄寓着农民对幸福安宁生活的憧憬。磡头的庙会主要有“大年会”。大年会在有闰月的年份举行，所以又称“闰年会”。农村中闰年即为大年，故称“大年会”。原意是纪念唐代忠臣张巡、许远。唐代“安史之乱”时，许远与武将张巡坚守睢阳，因弹尽粮绝而殉职，却使江淮一带百姓免于兵燹之祸，受封建庙，到了宋代更是被追封为“忠烈显圣王”，因此涧洲许氏特别重视，办会的规模、影响居本村三大庙会之首。活动内容大致有7项：1. 洗河道、清洁街道；2. 登舟；3. 斋五帝；4. 禳火赞红灯；5. 祭旗；6. 侍宴；7. 选圣。这项活动一直延续到1949年中华人民共和国成立时止。

太子会

唐代徽州地方神汪华生九子，为保六州平安，主动投诚唐皇，被封为“越国公”。唐皇御驾亲征期间，令越国公代守京畿，为释唐皇疑虑，汪华杀九子。唐皇感其忠，封汪华九子一二三为太子，四五六为诸侯，七八九为相公。徽州民间为祭祀汪公老爷父子，到处修建汪公庙、太子庙，磡头亦然。太子会定为每年农历7月的23日至25日，一共三天。从7月23日下午开始，磡头周边的苦竹街、方家村、岔坑、河上岱轮流请出太子神像，到各村摆香案、供奉仪，焚香祭拜。25日才是磡头村太子会正日，三乘太子神像用轿子一齐抬出，前面开锣执事，半幅銮驾，沿水街巡回三圈，鞭炮、山门铳齐鸣（一般有40门，最多时达120门），热闹非凡。而且从7月25日夜里开始邀请外地戏班或村中草台班演出古装戏三夜。这项活动后来衍生出安苗节。

施孤会

主旨是施孤济贫，追荐祖宗魂灵。活动内容主要有施粥，请和尚念经做法事，挂亡人榜，演目莲戏等。时间为农历10月半。此项活动起于何时失考，终止于抗日战争爆发。民国十九年（1930）磡头村举办过最后一次施孤会。

安苗节

磡头村的“安苗节”起源于何时，没有史料记载，但从当时的规制来分析，至迟在明末。因为自有磡头“太子会”，就有祭汪公、抬太子、演大戏，“安苗节”随之而生，且形式大致相同。

磡头的安苗节一般选择在水田基本种好后，由许氏宗祠公告并主持安苗。请出三太子到田头安苗巡视，众乡民祈祷五谷丰登，晚上送回太子庙。家家户户做包做粿，四邻八乡的亲朋好友涌向磡头，热闹非凡。与太子会不同的是安苗节晚上不演戏。中华人民共和国成立后，安苗节依然很隆重，由村组织择日宣布过安苗节，一直到八十年代初，大包干后才逐渐取消，虽然没有节日的形式了，但田种好后农户做包做粿的习惯还保存了下来。

磡头以稻、麦两熟为主，做包做粿是妇女的拿手好戏。安苗节这天，妇孺老幼齐上阵，家家都要做几十斤的面粉。包子像月饺，弯弯的像下弦月，均匀地打着褶，皮很薄，都是手工擀的。馅心基本上是豆腐夹肉、南瓜丝、冬瓜、黄瓜，条件好点的人家还有牛肉馅的。手艺好的标准是包型好看、皮薄、包馅鲜美、灌汤、咸淡适中。亲朋好友来了，不仅吃好还要带些回去。在那些贫困的年代，这是一项较大的开支，因为人来的太多，一些捉襟见肘的人家要把大门关上，所以就出现了“磡头怂，做包做粿关大门”的嘲讽。

（参考选编自《磡头志》）

八月中秋舞草龙

清初，民间对抗清政府欲恢复明朝的运动风起云涌。八月中秋组织者发月饼，月饼的背面都贴了一张很薄的纸，印着一行字："十家供一鞑，供到八月中秋一夜杀。"当时称满人为"鞑子"，意思就是八月中秋大家行动杀鞑子。磡头人在发月饼的同时，扎起草龙，敲鼓放铳炮，沿街舞草龙。游街完毕，将草龙抛入河中，送草龙归大海，预祝来年风调雨顺，五谷丰登。

草龙长约10米，龙身用稻草扎成，芭蕉叶剪成龙须，纸板做的牙齿、眼睛，细柴棍缠上稻草做成龙角，七八根棍子支撑起来，几个青壮年舞起来，有声有势。舞龙的同时，还有许多人抓着小捆稻草，放着鞭炮甩在地上，称"甩鞑子"。草龙舞到商户门口停下来，户主就会点上香插在龙身上，门口点起蜡烛。一圈下来，龙身上插满了香，烟雾腾腾，火光闪闪，颇为壮观。这项活动一直持续到解放初。2007年，家朋乡举办第一届油菜花文化节的时候，乡政府专门邀请老艺人许传成和许渭长扎草龙助兴，许传成特地为草龙增加了四只龙爪，用电筒当龙眼，增加了草龙的气势，为油菜花节增添了节日的气氛。

油菜花节

梅圩岭梯田因对面的“梅圩岭”而得名，240亩梯田层层叠叠，错落有致。游人站在阳和岭观景台上，只见黄绿相间的油菜花海，随风起伏，美不胜收!

梅圩岭　章莉/摄

2005年3月，安徽省黄山图片社摄影家严厚康先生，在梅圩岭梯田创作拍摄的作品《皖南人家》获联合国人居环境摄影图片一等奖，自此，“养在深闺人未识”的家朋梅圩岭梯田名扬四海。

梅圩岭梯田油菜花海景观，以“丰富的色彩、饱满的层次、流畅的线条、磅礴的背景饱富欣赏价值”。油菜花簇拥着粉墙黛瓦的村落民居，远处青山如黛。山峦、云雾、村落、梯田有机统一，给人一种大气壮阔的视觉享受与心灵的冲击。

家朋乡依托丰富旅游资源，大力实施“乡村振兴+旅游”战略，自2007

年成功举办首届中国·绩溪油菜花文化旅游节以来，到2023年已成功举办十四届，以节为媒，多次亮相央视，打响了绩溪“油菜花旅游节”“梅圩岭摄影基地”和“中国美丽田园”等品牌，提高了绩溪“全国休闲农业与乡村旅游示范县”知名度和影响力。

伴随着一届又一届油菜花文化旅游节的成功举办，“花海人家，英雄故里”——家朋，这个藏在大山深处的“世外桃源”，早已声名远播，吸引了客流、聚集了人气、拉动了消费、增加了当地群众收入，取得了良好的经济社会效益，展现了乡村振兴新气象。

为不断提升景区质量，打造家朋旅游金色名片，家朋乡党委政府聚焦梅圩岭梯田核心景区建设，从基础设施到花海景观，从观赏价值到经济收益，全方面提质增效。广大村民也齐心合力参与乡村旅游，共筑共享“花经济”，在旅游业发展中得到实惠，实现旅游业反哺农业、共同发展，实现共识共赢，实现美丽幸福新家朋的可持续发展。

家朋乡政府因势利导，不断拓展油菜花节旅游效应，从以往单一的开幕式展演，到不断创新模式，结合“马自骑”旅游城市自行车巡回赛、全国摄影比赛等大赛，谋划精品旅游路线、非遗展演、趣味体验项目、特色小吃美食、农产品展销以及摄影主题活动，节庆内容日益丰富。如“大地欢歌·2023宣城市广场舞集中展演”活动在油菜花节开幕式上，引来阵阵喝彩；来自宣城市遴选的10余个优秀群众文艺作品（广场舞）展示，载歌载舞赞颂春日风光。同时还在磡头水街、尚村景区等地开展包括传统婚俗非遗项目，体验嫁娶传统仪式（迎亲队伍、拜天地等），品尝传统婚俗宴席，观赏板凳龙展演、展示传统工匠技艺等非遗展示和民俗演出，这些展演充满了浓厚的地方特色，让人们能够更好地了解家朋乡的传统文化，讲好家朋故事。第十四届油菜花文化旅游节还首次举办星空音乐会，将非遗展演与音乐会相结合，实现传统与现代音乐的碰撞，同时千架大型无人机空中灯光秀在主舞

台右侧的场地震撼上演。整场灯光秀持续了20余分钟，现场观众在不断变换的画面中享受高科技带来的视觉盛宴。本地新风堂与传统宴席的结合，将其打造成了传统徽菜“展示厅”、徽州文化“主阵地”、乡村振兴“加油站”，游客可预约体验绩溪传统宴席菜肴——九碗六，人们在享用传统宴席的同时，深刻感悟传统徽州文化，吸引了一批又一批游客前来体验，切实增加村集体收入，带动文旅产业复苏发展。

（叶美珍　洪丽红）

磡头戏剧

磡头的戏剧发展比较迟，在太子会中，磡头要演出三个晚上，但是基本上都是邀请伏岭和外地的戏班来演出。到了民国时期，才有许枢焴、许树楠等“戏迷”偷学鼓点、器乐、演唱，照葫芦画瓢学着演。在校长许家斌的倡导下，云川小学开始课余教学，课本有《戏学指南》《京调大观》以及一些戏曲抄本，经反复教唱排练，终于可以上台演出，受到群众好评，开启春节演戏之风。

中华人民共和国成立后，磡头村成立了业余京剧团，道具大多是从地主家没收来的服装和寺庙中的僧衣改装的，小部分由村民们捐资购买。编导人员主要有许枢焴、许树楠、许传成、许智仁等，张传胜负责舞台布景绘制。逢年过节都要演出，热闹非凡。民国时期演出的剧目主要有《哭官》《四喜》《打金枝》《定中原》等传统京戏。五十年代有了自编节目，如《六女赞公社》《红色火箭》《歌唱英雄许家朋》等。《龙江颂》《杜鹃山》《英雄颂》《收租院》等现代京剧、歌剧是六十年代到七十年代演出的重头戏。我至今记忆犹新的是在枫树林舞台上看到《收租院》，由家朋小学的邦荣、助娟两位老师主持朗诵。那沉重而又精彩的剧情，两位老师声情并茂的朗诵让我和观众们热泪盈眶。那年我才小学毕业，从此爱上了舞台艺术，后来也当了小演员，参与《龙江颂》《歌唱英雄许家朋》等节目的演出，并参加县里文艺汇演。

改革开放后，随着电视的普及，逢年过节演戏渐渐少了，剧团自行解散。但是许传成、许智仁等一批“老戏骨”仍然琴不离手、曲不离口。尤其是许智仁老师，退休后与徽剧传承人汪家宏组建紫园剧社，这是绩溪县获安徽省政府批准的戏曲社，后来还获得省文化厅奖励2万元。许智仁还组建了鼓乐班子，天天在县城公园里自娱自乐。2023年10月6日，乐队在《涧洲许氏宗谱》揭谱仪式上尽展风采，让磡头村民一饱眼福。

（参考选编自《磡头志》）

记忆中的磡头村戏

少年生活的异常艰难，更凸显当时的年味之浓。“锣鼓响，脚板痒。”对孩子们来说，村戏的喧闹令人翘首以盼。那时的腊月二十前后，男人们的日常劳作进入“冬藏”尾声，妇女们忙着杀猪、做麻糖、煎油豆腐……做着过年的诸多准备。戏迷们开始活跃起来，父亲天天哼着我还听不懂的曲调，满心的喜悦挂在脸上，这意味着新一年的好戏即将开场。

记忆中的小时候，在磡头这个古老山村，最热闹就是村里演戏。农民们不仅精通春播、夏管、秋收、冬藏，喜欢、擅长演戏的村民也是层出不穷。那时农村文娱活动匮乏，全县仅有一家影院，边远山村的人们，一年看不上几次电影。为了一场打谷场电影，众人走20多里路争着抬放映机，接放映员。为引导村民将闲时用在学习文化和传播文化上，1951年，磡头村成立了业余京剧团，团长空缺，许枢炜为副团长。倡导生产队自愿组合，以2个队为一组，每年春节各组排演一台剧目。从正月初六开锣持续到正月十五，各组文艺节目轮流上演。生产队长兼任排练负责人、召集人。许枢炜、许树楠、许大宝、许金德、许智仁、许传成等导演们，纷纷拿出看家本领，争相排练出精彩的节目，让村民们津津乐道，回味良久。

父亲文化水平不高，却是个十足的戏迷。参加新四军打游击之前就演过《钓金龟》《打渔杀家》等剧。参军后，二胡伴随他转战“徽南浙水”，在部队休整的时候，他用二胡为战友带来欢乐，鼓舞士气。游击队每到一处，他都向群众宣传。80多岁的张大甫，中华人民共和国成立前在旌德西坑村就听过游击队员许日新唱戏、拉二胡，宣传发动群众抗税抗丁，消灭国民党反动派，建立中华人民共和国。父亲退伍回乡后，磡头村每逢演出都少不了他这个热爱戏曲的老戏迷。

记得我八岁那年的年底，父亲告诉我：“今年，我们第一队和第二队联合表演歌舞剧《收租院》。我扮演收租院里交租的爷爷，想让你扮演他的小孙女。”我高兴地蹦了起来，因为能上戏台是我小时候最大的愿望。当时第一生产队队长汪寿如，扮演剧里的刘文彩。我起早贪黑地背台词，练习导演指导的每一个动作。家里、路上、梦中都在暗吟曲目，手舞足蹈，如痴如醉，不能自拔。为这事，我还挨过母亲一顿骂：“你不分白天黑夜地喊爸爸叫‘爷爷’，他到底是你父亲，还是爷爷？”

过了小年（腊月二十四），参演人员集中到大队部彩排，走台，文武场配乐，导演现场指导。村支书王家统、村长许家钱与许大前等主要村干部们负责安保，无关人员不得进入排练场所，以保障演员们集中精力排练。他们另一项任务就是负责演出的准备工作和半夜餐。当时村集体没有资金，靠家家户户凑集油盐柴米面和猪肉、腌菜等，提供演职员们演出那天的晚餐和半夜餐。现在回想起那百家菜的味道和米饭的香气，比当今的山珍海味强多了。

演出那天，我掀开大幕偷偷地瞥向台下，只见黑压压的一片，人声鼎沸。那人头犹如一排排的台阶，后排高过前排，这是古村磡头村民们专门制作看戏木凳的缘故。随着一通紧锣密鼓，乐器奏响，好戏开场。轮到我出台时，我一声声“爷爷，爷爷，别卖我”！从后台踉踉跄跄走到台中央，撕心裂肺地哭喊，观众们被剧情带入另一个空间，潸然泪下。那晚演出，家朋村一队、二队的节目受到了观众们一致好评，给了我很大的鼓舞，也让我成为人们喜欢的小演员，我很是高兴，之后的生活增添了不一样的色彩。从此愈加热爱上了唱歌跳舞，成了学校文艺骨干，跳“送军歌舞”“大红花舞”；初中时期扮演现代京剧《红灯记》李铁梅、歌舞剧《红色娘子军》斗笠舞演员；高中毕业后接受贫下中农再教育的同时，成了村业余剧团的主要角色。参加家朋大队文艺演出，扮演过现代京剧《杜鹃山》党代表柯湘、历史京剧

《十五贯》苏戌娟、歌剧《洪湖赤卫队》韩英等角色。

据许传成老人回忆，清末庙会、年会逐渐没落，磡头村的戏班子开始组建。他们由许观年、许枢煵、许悦、许观祥等一帮戏骨构成。总导演许枢煵，教曲许树楠、许大宝等。文场京胡有许家斌、许志承、许源（又名许传耕）、许智仁、许传成等，二胡有许日俭、殷士林，板胡有许传绪；武场司板鼓有许德成、许传成，许家宋大锣，许传彤小锣，许光泽铜钹。主要演员有许大宝、许树楠、许日新、许家吉、许家肯、许传石、许祥花、穆定珠、许家安、许传飞、许志留、许和、许家甲。1951年后，磡头村业余京剧团又培养了一批戏角，有许益寿、许大俊、许家雄、许传读、许传礼、许传彤、许传芝、许桂助、许大顺、章大岩、穆定时、穆定寿、许杏平、许海平、许名仙、许亚莲、殷亚奇等。

许枢煵是磡头村戏剧的核心人物，也是艺术总监，吹、拉、弹、唱、化装、导演、服装等样样在行。在准备戏服方面，妙招颇多。将周村庙、竹里横路下、乌石堆、仙人庵白凤禅林等各寺庙的佛衣僧帽，请裁缝改制成戏服；也曾向绩溪岭北尚田京剧团借用戏服。磡头村逢年过节或殷实人家做喜事，常请这家戏班来演出，因来往密切，借用戏服也方便。另外，爱好戏剧的戏迷们募捐，去苏州购置戏服、幕布；请荆州胡启贵做头冠；磡头裁缝师傅们义务集中做戏服。磡头村30岁同龄人打同年併火、做好事、做善事形成一种习惯，如许家安、许传石、许传飞等捐赠戏台幕布。剧团还购置一些必用锣鼓等乐器，这样磡头京剧团就具备了演出基本条件。

村戏常演的剧目有传统京剧《打渔杀家》《钓金龟》《辕门斩子》《真假李逵》《棒打薄情郎》《乔太守乱点鸳鸯谱》等；现代京剧《智取威虎山》《沙家浜》《龙江颂》《杜鹃山》等；话剧《放下你的鞭子》等。

当时，磡头村戏唤起民众抗日意识、为解放战争宣传发挥了不小的作用。如磡头自编抗日歌剧《民妇情》，民妇唱："月亮渐渐高，挂在天空中，民妇我在家中心情好苦恼。”旁白：“你为什么苦恼?”民妇唱：“苦恼我的郎，死得真冤枉，日本鬼子投炸弹，炸死我的郎。”旁白：“那你要去报仇啊!”民妇唱：“心想去报仇，脚下不能走，三寸小金莲，难走长途路。”旁白：“那你怎么办?”民妇唱：“组织妇救会，后方支前线，做鞋子、做袜子慰劳我军队”……1947年磡头村小解放，创作民歌《贫民恨》：“……新四军赶快打过来呀，要翻身还要靠军民团结合力一条心，紧跟那共产党领导工农闹革命呀，紧跟着毛主席，推翻三座大山呀。”民歌引导民众同国民党反动派作斗争，这一年磡头村就有30多人参加新四军游击队。解放初期，磡头业余剧团配合土改工作队的工作，去石门口、周村、万富山水浪头、莲坑等村巡回演出，宣传土改政策。

演出都是在夜晚进行。舞台初期照明用夜莺，台前左右各一支夜莺（铁丝编织的网状物，内装松明柴），用铁链悬空挂在戏台的两侧，点燃后照明。后台照明靠蜡烛或煤油灯。后来用上汽油灯，以煤油作燃料，先预热管系统，在容器内加压使煤油变成蒸汽，喷向石棉网纱罩，在高温火焰燃烧下发出炽热的白光，这样省工省时，避免了烟熏火燎，亮度高。再后来用上电灯，更加方便，不但改善照明，还能设置灯光布景。

剧团成立后，布景美工都是磡头村书画艺人张传胜的杰作。京剧团后台负责人许耀法、汪以身（松树坞村村民，在磡头村开裁缝店），负责道具准备。演出时，他们根据剧情为演员选配服装、帮助着装、发放道具、晒装。这些人默默无闻为磡头戏服务一辈子。

令人钦佩的是石岸前生产队队长唐世益，他组织本队社员排练现代京剧《智取威虎山》，唐德昌扮演杨子荣，在磡头古村枫树林操场戏台演出，受到村民的拍手称赞。以一个生产队的社员之力排演一出现代京剧，边远山区少见，更是在家朋公社反响巨大。六、七生产队演现代京剧《沙家浜》，受到戏民点赞。章大岩扮演过现代京剧《杜鹃山》里的雷刚、《龙江颂》里的阿坚伯、传统京剧《十五贯》里的况钟，他那明快亮丽或低沉婉转的唱腔及精湛的演技仿佛穿越了时空，将观众带入战斗岁月和古代传奇中。许金德是磡头戏迷们周知的热心人，腊月二十至正月十五，他的主要精力都在村戏上。他是将文学剧本改编成舞台戏本的主创人员，既导演又教唱，还兼职化妆。许智仁是一名教师，爱好戏曲，拉得一手好京胡。寒假伊始，他就回磡头老家，不仅担任导演，在指导梅干村排演《红灯记》时还反串李铁梅，一时传为佳话。我印象特别深刻的是排演《英雄颂》，参加县丰收杯文艺调演。许传礼自告奋勇演英雄许家朋，却在县里审查时因扮相不符合要求而临时由许日俭代之。许日俭出色地完成了任务，受到大家的赞扬。

不能忘记村民许树楠（1917—1993，一名树煳），他是村中出名的秀才。1936年，17期黄埔军校毕业，因时局动乱，抗日战争胜利的次年回乡务农。生活维艰，他闲时用香烟纸创作小说，创作剧本，担任戏剧导演，广受称赞。

我还想起许树楠创作、排练、演出黄梅戏《打碗》的经历。此剧选自农村中媳妇不孝顺公婆的一个典型事例。孙媳秀春的婆婆（儿媳）虐待自己的婆婆，蓄意用破损的饭碗盛冷粥、冷饭给婆婆吃。秀春故意打破这只碗，用现身说教感动了婆婆，改变了她以往对待婆婆的做法，终于使这个家庭转变成一个和睦的幸福家庭。当时我扮演剧中的秀春，与唐利月、殷亚华、许新时等同台演出。家朋村的《打碗》参加绩溪县农民丰收杯汇演，获演出一等奖，创作一等奖。

几十年转瞬即逝，我虽然没有走上专业演员的道路，但是，传播文化艺术始终是我生活、工作的重要一部分。工作后，我曾多次参加县文艺汇演。如今，我退而不休参加“涧洲业余剧社”演唱会及重大庆典活动，在茶余饭后传播文化艺术，给人们带来欢乐。在我的记忆中，最难忘的还是磡头村那些年的戏迷们、村民们对文化艺术的追求，更难忘那腌菜的香味！

磡头的村戏已经延续了百十年，为弘扬乡村公序良俗立下不世之功，村戏的锣鼓声声伴随着一代代人的茁壮成长。

（许启平）

放飏灯

孩提时，最喜欢的活动就是看放飏灯，跟着大人们追逐飏灯。

那时，买不起绵纸，正值“破四旧”时期，我们到处去翻找那些古旧的书籍（像家谱、医书），也不管古籍的价值，拆开了就制作飏灯。长大后才知道我们当时是多么愚蠢。

许毅为 / 摄

飏灯起源于孔明灯，是什么时候传到磡头村来的，至今不见记载。我记得村子里每到下雪的时候，大人们就会筹资扎飏灯，而且都是一屋高的那种，落口的直径至少1.5米，燃料有用松筋破细搭在铁丝网上的，但燃烧时间比较短，所以大都使用猪油裹在棉花里使劲地捶烂作燃料，燃烧时间长，飏灯飞得远。一般选择在没有大风的晚上放飏灯，有青壮年站在高高的田埂上用竹竿撑起来，下面一长串的大人孩子捧着小灯，一般都有30只甚至80只，里面点着蜡烛。点火后，飏灯慢慢鼓胀起来，然后升腾，飞向夜空，小灯一只一只地随着大灯飘向空中，煞是好看，一片欢呼声，四村八乡都能看得见。因为成本比较高，所以村里都要挑选一些青壮年，身背冷饭粿连夜追赶飏灯，收回来还可以补补再用。但大多时候是追不回来的，如飞到深山落在大树上或飞得太远被人捷足先得收走了。大飏灯做不起，我们小孩子就制作一些像小竹篓般大的小飏灯，放上去飞不远可以追回来。可是起飞时遇到稍大一点的风就烧毁了。

飏灯的制作工序较为复杂、繁琐，需要多位手艺人的合作。

飏灯分大灯和小灯。相比于小灯，大灯的制作需要考虑牵引小灯的数量、重量等因素。大灯上尖下圆，高可达5米左右，直径在1.5米—2米，灯的下方设有圆形口，用铁丝、竹篾扎“飏灯络”。大灯体型巨大，点火鼓胀起来，远远望去像一座锥形塔。小灯为直径约10厘米、高约20厘米的圆柱体，灯内安插蜡烛，灯上系上绳子串起来。放飏灯大多选在下雪后，雪越大越好，这样能够有效防止未燃尽的飏灯因各种原因坠落而引发的火灾。放飏灯的地方也要四周空旷，否则影响飏灯的升空。

放飏灯是一种民俗活动，象征着平安、吉祥，意在祈福，寄托着人们的美好愿望，也希望在新的一年里风调雨顺、五谷丰登。

二十世纪九十年代后，很少看到放飏灯了。一来大雪的年份越来越少，人们的防火意识提高了；二来农村中的青少年越来越少，玩飏灯的也就少了。但是那份孩提时的美好回忆依然深深印在我们的脑海中。

磡头村的放飏灯已成功列入市级非物质文化遗产，这项古老的技艺将永远存留下去。

磡头老鼓

磡头村自明代中期就诞生了“大年会”，在祭祀汪华和当时太子时用老鼓作为超度亡灵的仪程之一，以祈求神灵保佑，国泰民安、风调雨顺、五谷丰登。磡头村每百户出一支老鼓队伍，并推选出一名身强力壮的年轻人为领鼓手，参加庙会期间的比赛，获胜的队伍会获得彩头，来年将会一帆风顺，事事如意。

中华人民共和国成立后，磡头村文艺爱好者成立业余老鼓队、业余京剧团。老鼓队由30多人组成，许树南、许传成、许智仁、许光泽、许传彤、许家算等人是老鼓队主力，并负责鼓法教学。每逢节庆，老鼓队和京剧团合作演出。

改革开放后，随着电视的普及，传统的舞台艺术陷入低谷，磡头业余剧团自行解体。2008年家朋乡为推介旅游文化，举办油菜花节，请许传成出山，指导磡头村业余文艺爱好者重新组建磡头老鼓队、编写鼓曲。2015年，许家德出资1.5万元为家朋村老鼓队购买了2只直径1.3米的双皮大鼓，8只直径0.6米的双皮中鼓，两副大钗及一面鼓旗，南京财政大学资助8000元购置服装和其他配套小锣。在各界爱心人士的支持下，磡头老鼓重振雄风，且男女都可以参加，人员现已达到50人以上。每逢重大节日庆典、艺术节开幕、欢送新兵入伍以及大型商店开业，都会响起激昂的鼓乐声。磡头老鼓现已列入安徽省级非遗，许传成成为这一传统项目的传承人。

第四篇

民间故事

汪丛园村的传说

唐末，在磡头村的灰灶弯口，有一个汪姓族人聚居的村落，叫汪丛园村。村子里很繁华，人来人往络绎不绝。村中事务由一位很有威望的汪员外管理，外地人来村中做生意，需经他同意，才能开张营业。在小年（腊月二十四）这天，村中所有杂姓生意人，都必须要离开汪丛园村。

汪丛园村这个习俗，一直延续到洪武年间。有一年，人称程半仙的风水先生在汪丛园村给人看风水，程半仙这年的生意特别红火，一直到腊月二十三才完工。第二天，程半仙准备回家，不料无声无息的鹅毛大雪，下了整整一夜，积雪几尺厚，人们无法出行。汪员外听说程半仙还在村中，马上赶到他的住处，要半仙立即离开汪丛园村。好心人劝说员外，大雪封路，无法行走，待雪化再让他走吧。汪员外说："这是祖宗立下的规矩，怎么能说改就改?"

程半仙无奈，只得拄着拐棍，一步一步往村外走。居住猎神坛的许泰来，远远地看见，有一个黑影在白皑皑的雪地里艰难地爬行，渐渐地向他靠近，此人正是在汪丛园村看风水的程半仙。许泰来在汪丛园村开铁匠铺，程半仙经常去聊天，两人自然很熟悉。许泰来远远地向程半仙招呼："程半仙，快来我家歇息!"

许泰来住三间茅草屋，家有一个60多岁的老娘和一个病恹恹的关奴夫人。他把程半仙让进屋后，赶紧给他倒杯热水。老娘听说是一个风水先生，分外热情，叫儿子杀老母鸡招待。关奴赶快炒菜温酒。泰来说："这大雪留客，你若不嫌弃草舍，就在俺家过年吧!"天气好像与程半仙作对，多日气温低下，积雪不化。泰来与半仙俩人终日脚踏栎炭火，对酒当歌，"劝君更进一杯酒，与尔同销万古愁"。

一晃，到了正月初三，天气回暖，阳光普照。程半仙说：“感谢泰来兄的热情招待，无以回报。现将枫树林内一风水宝地回赠给你，那里有一条路，墓葬路里一子发千丁；墓葬路外十八把黄伞进京。而且墓地选好后，要做一件好事，才能确保风水宝地发迹，万无一失。你们去竹里村，原经长山岗、台炮尖的山路要改道，改走阳和岭的新建道路。那条路上，岭不高，路程又近了许多，岂不是两全其美?”

关奴听了程半仙与丈夫的一番私语，回竹里村把泰来与程半仙的悄悄话，讲给妹妹元奴听。“我与丈夫婚后多年，无子嗣，现已病入膏肓。泰来充满睿智，肯吃苦耐劳，诚实和善，匠艺出众，对我疼爱有加，我欠他太多。我死后，妹妹你一定嫁给他，成全风水先生的一番好意，让泰来家从此发达。”姐姐嫁给称心如意的丈夫，元奴早就羡慕不已，再经关奴这么一说，脸早已绯红。

关奴告诉父亲：“我与泰来婚后，家中所有大小事情，他全揽下来，你们情如父子，其乐融融。怪我命薄，时日不多，我死后你一定将妹妹嫁给泰来，还要将竹里村在枫树林的那块地契买来，作为妹妹的嫁妆。”父亲见女儿命悬一线，只好一一答应了她的要求。

回家后，关奴与泰来交待：“我死后一定娶元奴为妻。坟墓做在枫树林路里，我葬左边棺，你穴在中间，元奴穴在右边。如不这样做，我死不瞑目。”说完，夫妻俩抱头痛哭。

岳父得知泰来得到一风水宝地，竹里村离枫树林较远，不费很大力气就买来了枫树林地契。没过多久，关奴离世，许泰来遵照关奴夫人的遗愿选择了墓址，将她葬于左穴。安葬好夫人后，他修通了竹里村经阳和岭的新路。这条路既近又平坦，路人交口称赞。

过了一年，泰来与元奴结婚。婚后连生四子：景潜、景滢、周童、周福。经过数百年的繁衍，涧洲许氏开枝散叶，古村礀头成了千灶万丁之村，外迁人员数不胜数，正中了风水先生“墓葬路里一子发千丁”的预言。

传说从竹里村经阳和岭至磡头村的路开通后，汪丛园村开始衰败。这条路是蛇形，汪丛园村是燕窝形，蛇吃燕，导致人丁不旺，从此汪丛园村逐渐败落。现在家朋村人都说，黄丛山脚的田塝有屋墙塝的遗迹，灰灶弯口的田地都有砖头瓦片。

这个故事传说了六百多年，它告诉我们一个道理，济人于危难之中，就会得到别人的回报。弘扬和传承优秀的家教家风，弘扬和传承优秀的乡村文化传统是昌家旺村的真谛。

一个家庭有良好的家教家风，这个家庭就会从挫折走向顺境，从困难走向幸福，从贫穷走向富裕，从衰落走向旺盛；一个村有良好的村风，就会有良好的人际关系，就会齐心协力发展生产，就会人人讲究村容整洁，就会互帮互助走向富裕，就会繁荣和振兴。古村磡头就是这么逐步兴旺起来的。

（洪新民　许家荣）

叛逆的许德元

明代万历年间，云川村（后称磡头村）有一对夫妇，男的叫许仲，妻子胡氏，夫妻恩爱，勤劳朴实。家有数亩良田，夫耕妻织，小日子虽不算富裕，在村中也属中上生活水平。婚后不久，连生三子。老大甲元，老二德元，老三寿元，夫妻欢天喜地。

一天，云游和尚上门化缘。许仲不仅慷慨布施，还请和尚到家喝素茶、吃素酒。和尚见过许仲家三个儿子，一个个生龙活虎。甲元、寿元与和尚一见如故，前呼后拥缠着和尚。后来，和尚把许仲叫到一边，告诉许仲："你家将大祸临头。"许仲大惊失色，问和尚破解之法。

和尚告诉许仲："你家长子和三子与佛门有缘，他俩只有进佛门才能躲过此劫。"胡氏说什么也不同意，和尚便晓以利害，而甲元和寿元听说和尚要带他俩云游四海，满心欢喜。父母见平时躲着外人的这两个儿子，今天与和尚这么亲热，心想莫不是真的有缘分。最后，胡氏哭着与两个儿子告别。临走前，和尚告诉许仲，对德元要严爱相济，切不可娇生惯养，方可免灾。

两个儿子走后，夫妻一直闷闷不乐。德元就整天爹妈叫个不停，爹娘见德元活泼懂事，好生欢喜，久而久之，渐渐地淡忘老大和老三离开的悲伤，都把爱倾注在德元一人身上。母亲更是把德元当作心头肉，对儿子百依百顺，不准丈夫管教孩子。德元与邻居孩子玩，稍不乐意，就欺侮别人。邻居找胡氏讲理，她总是说自己的孩子如何乖巧，然后便与邻居争吵。德元知道母亲护着自己，胆子便越来越大。

一次，许仲收工回家，见儿子德元与邻居孩子高元玩。突然，德元给高元一拳头，高元摔倒在地，头撞到了石头，顿时流出血来。许仲急忙跑过去，抱起高元找医生包扎。回到家里，许仲便拿出竹丫棒教育德元，胡氏硬说是高元先欺侮他儿子。为此，夫妻吵翻了天。但许仲为了家庭和睦，只好偃旗息鼓。儿子从此更是不听父亲的话。

德元逐渐长大，该去上学读书。许仲牵着德元报名，他就是不走。没有办法，胡氏只好陪同儿子上学。老师布置的作业，德元不做；该背的诗文，他也不读。他不仅经常和同学闹矛盾，还逃学下涧溪河摸鱼。老师没有办法，请家长另选贤能教子。

孩子一年一年地长大，云川人常说："卖田卖地，卖不掉手艺。"许仲夫妻就商量让儿子学门手艺，德元说："我要跟父亲务农。"

许仲想，家有良田数亩，如果认真学习务农，也能过好日子。父亲教儿子用冷水浸谷种。到了谷籽出芽期，还不见露出芽来。一问才知道，儿子用开水泡的种籽。许仲气得七窍生烟。

德元姑姑家生了孙子，母亲让他去商店买二斤红糖，他很快买了回来。他与母亲一道去姑姑家送喜蛋。姑姑接到喜蛋和红糖，便随手解开包装，将糖倒入缸内，发现是白的。她用指头沾一点舔了一下，居然是咸的。姑姑十分愤怒，从古至今，哪有生小孩喜事，亲戚送咸盐的？胡氏在亲戚面前颜面扫地，德元却抿住嘴偷笑。

德元无论做什么事，总是与父母对着干。父亲叫他上山，他却下田；叫他买糖，他偏买盐。因此在云川村出了恶名。

德元到了当婚年龄，许仲夫妻请媒婆访媳妇，姑娘们听说嫁给许德元，都摇摇头。父母年迈，也没有好办法让他回心转意。他们只好请风水先生看块坟地，想让家庭时来运转。风水先生寻到塘边山村枫树凹，告诉许仲："这块坟地是青蛙神，你下葬后儿子必定有桃花运，会给家庭带来转机。但是，千万要记住，做坟墓时少放些石灰。"许仲千恩万谢。

许仲病危，心想："我当初没有听云游和尚的话，没有对儿子严加管教，才导致今天的结果。这一次要讲反话，才能让儿子把事办好。"临终前，他对儿子说："做坟墓时，灰盖一定要多放些石灰。"德元满口答应。

父亲死后，德元十分伤心，回想自己从懂事起，一直与深爱自己的父亲唱反调，感到十分内疚。这是父亲最后一次叫自己办事，一定要听从父亲的话，多放些石灰。结果事与愿违，青蛙最惧石灰，因此导致家庭绝传。

古村云川（现磡头村）人，最讲孝顺父母。一是爱父母；二是敬父母；三是守身存善，心行善事，扬名以显父母。孝感天心，孝必有后。几百年来，磡头村人对不听父母言的子女，总是用"你是许德元儿子唉"来进行教育。

（洪新民根据许传成（86岁）、许大前（77岁）等人所说整理）

天鹅飞往广信府

明代宣德年间，涧洲村有一个叫许侃的屠夫，身材中等，膀大腰圆，心地善良，村里人都乐意与他聊天。他做生意从不缺斤少两，毫不吝啬，是出了名的热心肠。听闻谁家遇到难事，他一定会主动帮忙，出钱出力。谁家有人意外伤筋断骨，他一定送猪筒子骨帮助伤者恢复身体，有时候卖剩下的猪下水也都会分给穷乡亲。

乡亲们见他老大不小，还是孤身一人，便打算为他讲一门亲事。许侃生意一直很红火，积攒了不少银两，谁要能嫁给他，定然能过上衣食无忧的好日子。但是，姑娘一见他的长相，都退避三舍，他仍过着单身日子。

一天拂晓，他去外村杀猪，路过大岭庙，听见有人呻吟。他仗着胆大，走近一看：一个姑娘躺在路边，奄奄一息。救人要紧，他顾不得许多，背着姑娘朝着医馆奔去。敲开门，放下姑娘，留下银两，向医生交代了一番。之后，他又背起杀猪家伙，忙活一天的杀猪和售肉活计。

回到医馆，医生告诉他，这个姑娘叫春梅，并无大碍，只是饥饿所致，疗养几天就会恢复。姑娘见到自己的救命恩人，哭丧着脸说，自己家住浙江一个偏远的山村，父母双亡。临终前父亲告诉她，梁安县十五都有一个许姓里士，叫兴同，曾与他在浙江太平府同做杂役。后来知县遭人陷害被灭门，两人怕遭清算，连夜逃走，途中二人结拜为兄弟。姑娘的父母亲也是要饭人结合，并无亲眷，她只好来投靠许兴同。不料，在饭店歇夜时，银两连同信物一起被贼人偷走。自己一路要饭，才落魄如此。说完，姑娘对许侃千恩万谢。

许侃骑虎难下，自己是一个孤单小伙子，带回自己家里如何是好。不带吧，总不能把姑娘放到医馆。身正不怕影子歪，于是，他把春梅带回家中，给姑娘烧了水，让她梳洗，还拿出母亲的衣服让她换了，做了吃的。春梅狼吞虎咽后，许侃铺了一张床，让她歇息。

晚上，许侃突然想到自己的父亲不就是许兴同吗？父母在世时，曾说过在浙江做杂役时，结拜了一个叫程再有的浙江人，信物还保留在家中。他从橱柜里拿出信物一看，是一块白布，上写了十个血字：“许兴同、程再有结为兄弟。”

第二天一早，他烧好早饭，又出门开始了一天的劳作。回到家后，只见屋里收拾得整整齐齐、干干净净。春梅端上热水，让他洗脸。许侃十分感动，见春梅气色比昨天好多了，就和她拉起了家常，问她父亲给她的是什么信物。她说，是在白布上用血写成的“许兴同、程再有结为兄弟”十个字。许侃就拿出自己的信物给她看。春梅一看，以为是自己的东西，立刻去抢，并说他是贼人。

许侃连忙解释，这是父亲留下的遗物。父亲从浙江太平府逃回家后，因受惊吓，一病不起。临终前，父亲把信物及与程再有结拜之事，告诉了他。他与母亲相依为命，十五岁那年，母亲让他跟着本村杀猪师傅许有根学手艺，师傅待己如子。十七岁那年，母亲暴病而亡。屋漏偏逢连夜雨，后来有次杀猪，那猪异常凶悍，师傅不小心被它撞个仰天跤，后脑撞到石头，导致颅内出血死亡。从此，自己继承了师傅的肉摊，一直过着单身生活。两个苦命的人互诉衷肠，掩面而泣。

经过几天的调养，春梅身体基本恢复。因为春梅无去处，许侃只好与她兄妹相称，暂住自己家，待找个好人家，将她嫁了。春梅姑娘缝补浆洗炒菜烧饭，样样内行，人又勤劳能干。自从她到了许侃家，家庭有了生机，许侃十分感激。

春梅见许侃吃苦耐劳，心地善良，人缘又好，心生爱慕。许侃自知自己容貌不扬，给春梅介绍了员外子弟，春梅就是不肯嫁。邻居劝许侃：“你们父亲是结拜兄弟，春梅千里寻亲，差些饿死途中。你救了她，这是天生姻缘。”许侃经不住大家好言相劝和春梅的一片痴情，于是挑了个好日子，请左邻右舍作证完婚。

婚后，夫爱妇敬，小日子过得十分红火。不久，春梅怀孕，许侃喜出望外。邻居妇女们经常关心小两口，教给他们一些生儿育女的常识。后来，春梅生了一个胖小子，取名本珊。左邻右舍和亲戚朋友都来贺喜。过了两年，春梅又生了男孩本瑶。小家庭更加热闹起来。春梅日夜操劳，承担了全部家务，不知不觉身体开始消瘦。

本珊十八岁那年，春梅卧床不起，许侃遍访名医，都不见好转。春梅告诉丈夫，自己将离开人世，要好生照顾两个小孩。她吩咐本珊兄弟两人要互相帮助，听父亲的话，好好做人。许侃见妻子病入膏肓，只好请风水先生程半仙看一块好墓基，希冀子嗣发达。

程半仙见到许侃两个儿子天庭饱满，经史熟娴，诗礼拔萃，农耕诸事，无所不能，尊老爱幼，人人称赞；许侃夫妻，又是村中有口皆碑的善人。许侃待程半仙十分周到，程半仙自然运用平生所学之术，寻遍涧洲山川龙脉。

程半仙在磡头村黄丛山脚，寻得一块鹅型宝地，翅膀在灰灶湾，鹅嘴在塔岭墩。他告诉许侃：“这里作为墓基，你家定能家顺丁望，开穴遇到石板即可，请人砌筑坟墓。此事须叫你两个儿子，同心协力挖穴，不要外泄于人。”

本珊、本瑶按照父亲安排，为父母开穴。第三天，果然挖到石板，兄弟两人高兴至极，都说程半仙真是神了。本瑶好奇心切，急忙去翻开石板，石板下突然飞出一只天鹅，吓得本瑶急忙松手。不料第二只天鹅刚要飞出，被当场砸死。飞出的天鹅在空中凄叫盘旋，兄弟两人吓得面如土色。

天鹅飞了一会儿，便停了下来。本珊对弟弟说：“父亲千叮万嘱我们，不要翻开石板，如今闯下大祸，我俩赶快去把那只天鹅抓住，放回原处。”

兄弟两人放下锄头便追天鹅。天鹅飞到阳和岭，停在亭屋顶上休息，他俩气喘吁吁地赶到阳和岭亭。这时，天鹅又接着起飞，他俩继续追赶。

兄弟俩不知追了多少天，鞋底磨破了，就光着赤脚追，渴了喝点泉水，饿了讨点饭吃。天黑了，天鹅停在祠堂或庙宇的屋顶休息，他俩就歇息在祠堂庙宇。他们一直锲而不舍地追赶天鹅。

一天，兄弟俩追到信州（今江西省上饶市）地界，天鹅飞进了坞口，只见它直飞进一个茅草屋内。兄弟俩十分高兴，心想："我们把门关上，看你哪里飞。"于是直扑草屋，关住大门。

这时，惊动了房屋主人。房内走出一位打扮十分漂亮的姑娘，她见两个衣服褴褛的小伙子冒冒失失地闯进家来，便问："你们为什么进我家，还关起大门？"本珊把兄弟俩追天鹅的事一五一十地讲给姑娘听，姑娘肃然起敬，连忙帮助两位陌生人找天鹅。这茅草屋也没有窗户，可是找遍了所有地方，始终没有天鹅的影子。姑娘说："你俩莫不是看错了？""没有。"兄弟俩异口同声地回答。

姑娘说："等我父亲打猎回家，再帮助你们找。"姑娘给他俩烧水，洗脸洗澡，并将父亲的衣服给他俩换下，弄点吃的，兄弟俩千恩万谢。姑娘见本珊身强力壮一表人才，心存爱慕。

父亲回家的时候，姑娘把事情经过说了。父亲又找了一遍，没有天鹅的影子。猎人心想，自己抱着一岁女儿逃避仇人到这荒山野地十七年，从没有人来过这山坞。现在俩小伙追天鹅到这里，莫不是仙人相助，女儿动了姻缘？

这天晚上，本瑶很快就入睡了。本珊可睡不着，追赶天鹅也不知多少天，现在突然不见天鹅踪影，回家怎么面对父亲？母亲的病也不知啥样了？他不禁流下了眼泪。

第二天，本珊早早起了床，四下查看。茅草房建在山脚下，四面环山，方圆几里尽是平川。左边是小溪流水潺潺，周边种上了蔬菜和玉米。姑娘早起便烧水做饭，给兄弟俩泡上清香的绿茶。本珊细细打量着姑娘，觉得如仙女一般楚楚动人。

吃过早饭，猎人好言劝说本珊："现在天鹅无影无踪，没法寻找。这里土地肥沃，鸟兽又多，你们不如到这里狩猎垦荒。本珊，你与我姑娘年龄相仿，如不嫌弃，我把女儿嫁给你。"本珊到了婚娶年龄，见姑娘如母亲一样勤劳，便点头同意。天地为证，姑娘由父亲做主，本瑶陪新郎，夫妻拜堂成亲。

兄弟俩就在这里安居下来。猎人见兄弟俩十分勤劳，又有文化，女儿女婿互敬互爱，满心欢喜。本瑶见猎人待本珊如同儿子，嫂嫂待自己也很好。兄弟两人天天美味佳肴，茶香酒醇，过着神仙般的生活，忘记了追赶天鹅的疲劳。日子过得真快，一晃半月有余，兄弟俩开始想念自己的父母。

花开两朵，各表一枝。天快黑了，许侃还不见兄弟回家。他到大岭弯一看，只见石板压着一只死天鹅，没有两个儿子的影子。有人说见过本珊、本瑶追赶一只天鹅过了阳和岭。许侃人缘好，村里许多人帮忙寻找。他们沿着阳和岭一路询问，都没有找到。

许侃回家和睡在床上的妻子说儿子不见了。病重的春梅一听，顿时急火攻心，撒手人间。在众人的帮助下，许侃安葬了妻子。许侃将程半仙看风水的事说给众人听，大家都说，程半仙真是神仙，请他给你测字，看看儿子去了哪里。可是时过多日，哪里还有程半仙的影子？

许侃收拾肉摊，去阳和岭方向寻找儿子，一路风餐露宿，寻到梁安县城，没有了儿子的任何信息，只好回家。

回家后，许侃一病不起，大家精心照料，好言相劝。他心存儿子终会归来的念想，坚持吃药治疗。

而另一边，猎人心想，弟兄俩突然失踪，做父母的肯定着急。于是他与本珊、本瑶商量，本瑶和他回梁安县涧洲村，接他们父母到广信府山坞中居住。

本瑶即刻与猎人启程，经过五天的昼夜兼程，终于到了家。他推开门，大声地喊着爸妈。许侃正躺在床上呻吟，听见儿子喊叫，一骨碌爬了起来，两人抱头痛哭。得知母亲去世的消息，本瑶哭得更伤心了。邻居也惊动了，大家都来探望，听他介绍了兄弟俩的遭遇，大家感到很惊奇。莫不是仙女下凡，本珊才有这一段奇缘？

本瑶回来了，大儿子还娶了媳妇，许侃的病顿时好了一半。第二天，三人一道去大岭弯上了坟。亲家与许侃商量迁居饶州广信府，许侃心里像打翻了五味瓶。本瑶对父亲说，那里四面环山，小桥流水，莺歌燕舞，如仙境一般；嫂子勤劳善良，美若天仙。邻居也说，饶州是中国最富饶的地方，天鹅飞到广信府的茅草屋，那是仙人指点，天意不可违。听了大家的好言相劝，许侃想到程半仙如此灵验，就答应举家迁往广信府。他把菜地的地契送给邻居，焚毁账簿借券，家中器具均赠亲友，房屋无偿供人居住，人皆称颂。过了几天，他背着祖宗牌位和细软前往广信府。

“天鹅飞向广信府”这个故事在古村礵头民间流传了数百年，告诉人们：只要帮助别人，也会得到别人的帮助。礵头村虽然山清水秀，但毕竟是“礵头坎，上床三档坎”，土地贫瘠，生存空间有限。外面的世界更精彩，走出礵头，就会得到更好的发展。

亮仙桥的故事

光绪年间，磡头村有一个叫许观亮的男子，出生于贫寒的家庭，从小跟着父亲劳作，修路做善事，吃了不少苦。

转眼间，观亮十八岁，到了婚娶年龄。父亲林光请本村媒婆四处打听。姑娘知道他的家境后，全都拒绝了，谁也不愿意跟着他过苦日子，父母很是着急。好不容易在梅街村访到一个周玉桃姑娘，看上了许观亮。

父母倾尽所有再加筹借，置办迎新所需，择个吉日风风光光地把周玉桃迎娶进门。乡里乡亲，亲眷朋友都来帮忙，场面十分热闹。

亲朋好友举杯祝福新人之时，突然来了一个过路尼姑，要讨口饭吃。帮忙办事的急忙去厨房端来米饭，尼姑执意不受，非要新郎亲自端来不可。在场的宾客都责怪尼姑好生无礼，吵闹声惊动了新郎观亮。他出来一看，尼姑眉目清秀，透出不凡的神气。他亲手将饭碗递给尼姑。尼姑轻声说："你家将大难临头……"不等尼姑说完，观亮不悦，心想大喜的日子，遇到一个尼姑，本已晦气；她说这些不吉利的话，让他更不愉快。但今天是大婚之日，他只能强忍着。

婚后，夫妻恩爱，不久便怀上了孩子。可是身体健壮的周玉桃却逐渐消瘦，婆婆以为是妊娠反应，照顾格外周到，还给媳妇增加营养。时过半年，仍不见好转。这时全家人非常着急，请了医生诊治，吃药打针也不见效，最后男婴因早产夭折，全家人痛惜不已。这时，观亮才想起结婚当天尼姑说的一番话，后悔当初没有听完尼姑的好言相劝及破解方法。

周玉桃多次怀胎，全家人百般呵护，但是婴儿还是相继夭折。观亮把他结婚当天尼姑讨饭说的一番话告诉年迈的父母，父母让儿子一定找到尼姑，寻求破解方法。时过数年，哪里还有尼姑的影子？邻居老人告诉观亮，离村子七里地的山坞内有一个尼姑庵，曾有尼姑在那修行。她专做好事，后来修炼成仙。当地人不忘这位成仙的尼姑恩德，将山坞改名为仙人庵。“莫不是你遇到仙姑了，可惜你肉眼凡夫，不识好歹。现在你快去仙人庵遗址烧香，请仙姑降临点化。”

憨厚的观亮笃信不疑，多次去仙人庵烧香，还是没有改变背运。他只好请仙人庵僧尼来做道场，寻求破解方法。玉桃后来好不容易生下了两个女儿，身体却越来越差，不久便撒手人寰。观亮父母也因家庭不顺而相继忧闷去世。

观亮带着两个女儿，又当爹又当娘，日子过得异常艰难。他想续弦，可是谁愿为穷苦人家的两个孩子当后娘？观亮只能起早贪黑地劳动，养育两个孩子。偶尔有时间他便去修路，做些善事。他虽然家境贫寒，但是人们都喜欢他。

岩下村傅富仙，到了婚嫁年龄，非要嫁给一个情投意合的意中人。上门说亲的媒婆踩低了傅家的门槛，她也迟迟没有让父母给自己订下婚事。父母为女儿的婚事操碎了心，富仙却从不为此事发愁。她相信属于自己的缘分早晚会来。这一天，让富仙等到了。

七月二十五，磡头村举行庙会，父母叫上女儿早早地到了磡头汪公庙，想趁赶庙会让女儿觅得良缘。

这一天，观亮拗不过两个女儿，带着她们去庙会现场看热闹。人们向观亮打招呼，富仙早已耳闻许观亮乐于助人，勤劳节俭。今天相见，他不仅朴实无华，而且一表人才，顿时春心萌动。观亮的两个女儿见陌生的女子盯着父亲，拽了拽父亲衣角。这时两人四目相对，彼此暗送秋波。

第二天，观亮请人去岩下村说媒，富仙父母起初不同意这门亲事，无奈眼看女儿已错过最佳婚嫁年龄，又拗不过女儿一见钟情，就顺水推舟答应了这门亲事。洞房花烛夜，夫妻恩爱，观亮向富仙倾诉了自己的不幸。当晚，富仙在梦乡里，有一个尼姑向她走来，告诉她要想家庭相安无事，就要造桥修路。

一觉醒来，富仙告诉观亮梦中的事情，尼姑的样子和观亮先前见到的一模一样，莫不是仙人点化？观亮深思，我家庭穷苦，怎造得起一座桥？但家庭兴旺，这比什么都重要，这一次不能再错过机会，就是变卖粮食、烟叶和田地，也要造好一座桥。夫妻商量仙人庵仙气缭绕，又有仙姑指点，是最理想的建桥去处。这里有一条仙人河，河上有一座石条平板桥。过了桥，经杀牛上、下坞口，祥降岭、荆州，那是去浙江的驿道，也是磡头村、方郊村等村民砍柴的必经之道。杀牛坞口如遇山洪暴发，坞口南边是祥降岭脚，山势陡峭，人们不能前行，只能折返。在此建桥方便行人最为合适。

婚后第四天，夫妇俩便请本村石匠和粗工，在离磡头村七里路的仙人庵杀牛坞口建悬托式石板桥。南接祥降岭脚，北接白凤岭脚，该桥建在里杀牛坞口。南引桥长3.5米，宽度2.3米；北引桥长6米，桥高2.5米；跨径2.5米。全桥由三根厚28厘米，长210厘米，宽36厘米的石条拼合而成。桥名从夫妻名字中各取一字，名“亮仙桥”，既圆了自己的梦想，又方便了行人。

亮仙桥建成后，路过行人赞不绝口。积德行善，不仅让傅富仙生下了许寿根，母子平安，而且家庭有了转机。许观亮又将寿根过继给仙人庵佛寺的孝武太为干儿子，让儿子享受众神仙的庇护，健康成长。

梦想成真，助长了观亮对仙姑灵验的信赖。1945年，观亮又萌生了在外杀牛坞口，再建仙根桥的主意。这座悬托式石板桥建成后，过路行人经仙人庵再也不惧山洪暴发。

仙根桥建在外杀牛坞口。南引桥长1.9米，宽1.4米；北引桥长8.8米，宽1.4米；桥长2.5米，宽度1.2米，由三根厚28厘米，长250厘米，宽38厘米的石条拼合而成。桥高度2.75米。此时，许观亮经济拮据，到年终变卖烟叶和粮食等才付清了工程款。

亮仙桥

仙根桥

许观亮建亮仙桥，因做善事使家庭绝处逢生的故事，在磡头村传为美谈。寿根婚后生二子二女，家庭幸福，生活富裕，体魄强健。1991年仙根桥被百年不遇的洪水冲刷受损，许寿根又派儿子许碧波去仙人庵维修加固。

人生一世不计得失，多做好事，积德行善，不仅让我们更加豁达，也可以获得更好更多的福分。

葫芦潭桥上“天仙配”

踏着石板路从磡头村去和阳方向一华里有余处，有一座石桥做工精致，气势不凡，因桥下河水像个葫芦潭，故名葫芦潭桥。建桥人是磡头村的许沛苍，他是十五都的富商，1910年出资3000多银元建了此桥，取名天助桥（拱桥中间的石刻桥名仍在）。桥头有一座专门为行人歇脚所造的小亭，是许沛苍的三个儿子建造的。这座桥和小亭，不仅方便了十五都以及远到浙江昌化的群众，也为绩溪人去杭州经商、学艺提供了交通和歇脚的便利。葫芦桥上故事多，可是发生在解放初期的“天仙配”则是一个真实故事，且流传至今。

说的是一天黄昏，周村有位姑娘，从磡头买了一些食品和日用品，行走到葫芦潭桥时，便在小亭内小憩。刚坐下，只见一位小伙子挑着担子，也走进了亭子。小伙子浑身是汗，放下担子，与姑娘相对而坐。俩人从未谋过面，两眼相视，双双脸泛红润，都不好意思地低下头。

气氛十分尴尬，小伙子汗水未干就起身要走。姑娘却大方地说：“看你这样子是远道而来，担子不轻，刚歇下，怎么就要走了？”

小伙子腼腆地说道：“我在苏州当学徒，家里父母亲给我说好了一门亲事，写信让我回家娶亲。”

“哦，大喜呀！你娶的妻子是哪个村的，一定很漂亮吧？”姑娘一脸笑容问道。

小伙子说：“我与未婚妻还没见过面呢。听父母说姑娘她就是前面那个村，周村的。”

“我也是周村的。”姑娘笑盈盈地追问，“那你给新娘买了什么礼物呀？能否给我看看？”

此时，小伙子也不再拘谨，便打开了包裹。嚯，璀璨夺目，是一套苏绣丝绸的上等衣裳！

姑娘感叹道："你的新娘子很有福气！"

各自要赶路了。姑娘对小伙子心生钦佩："你的路远，我顺路替你挑一程。"说着，就接过了小伙子的担子，挑在肩上。小伙子便提着姑娘的东西，俩人一路前行，边走边聊，不知不觉到了周村。

道别后，小伙子继续赶路，回到和阳乡胡田村已是天黑了。

此后几日，小伙子在家忙得不亦乐乎，终于迎来了洞房花烛夜，当新郎掀开新娘红盖头时，惊呆了——新娘竟是那日葫芦潭桥上遇见的周村姑娘。只见新娘穿着苏绣丝绸衣裳，得体合身，光彩照人！

新郎新娘四目含情，相拥入寝……

后来，乡亲们得知这对新人的巧遇，都直赞叹说："真是葫芦潭桥上'天仙配'啊！"

（曹美体）

梦想成真的故事

伏岭镇西山下自然村，流传着为磡头村许氏看管坟山388年的胡姓家族，做善事得好报，梦想成真、预言成真的真人真事。

西山下村村民胡德明（1928—1994），是一位教书先生，他家自祖上十几代为磡头村许姓看管许家坟山至今。1988年2月26日晚，胡德明做了一个梦：夫妻俩携女儿蕴菲从西川村返回西山下村的途中，看见一亮物从许家坟山向西峰山脚桐坑园河深潭飘下。走近深潭，只见一条小龙翻浪戏水，女儿拍手称好。突然，小龙变成小女孩，投入蕴菲（磡头村许跃光的妻子）怀抱，胡德明惊醒后随即记下整个梦境过程。

1989年4月28日，许跃光妻胡蕴菲生下一女儿，胡德明先生认为："龙年得小龙，实为天赐"，这是胡姓世代替磡头村许氏尽心看管许家坟山，及许氏历代积德的回报，于是给外孙女取名"朦胧"（"梦龙"之谐音）。当日，即兴写下了《腾飞吧，朦胧！》一文。如今梦想成真，预言成真。许朦胧考取博士研究生，两次出国留学，鱼跃龙门，蟾宫仙桂折高枝，成为西山下村人茶余饭后谈论的神话。

磡头村（当时为云川村）许姓为买下西山下山场，颇费周章。许氏九世祖许应熊，精通天文地理，是远近闻名的风水先生。他在离云川村8公里的西山下村相中了这块风水宝地，一番运作之后，买下山场，立上界碑，更名为许家坟山。1913年《涧洲许氏宗谱》记载：1635年，应熊的祖父许时泾92岁时逝世后，与祖母汪氏的灵位同葬于许家坟山，并有墓志铭及墓图。

磡头村离西山下村甚远，管理十分不便。许应熊便在西山下建造水碓，半卖半送给胡家村其岳父的胡姓本家，并签下协议，委托胡姓代为看管许家坟山。水碓以水为动力，为村民稻谷脱粒，麦子磨成面粉，有一笔不菲的收入。且许家坟山山场树木砍伐收益的30%归看山者所有。

看山者为了管理方便，从胡家村举家迁西山下村定居。世代更替，协议续签。胡家人诚信守诺，若非东家许可，外人不得在许家坟山界内破土建坟、砍柴斫树、开荒种地。

每年清明节，家旺族兴的许姓裔孙队伍便抬猪祭祖，浩浩荡荡，场面十分热闹。凡参加祭祀者均发饼一对，祭祖风俗一直延续到清末民初。磡头村许姓以十八世裔孙许建安（又名许松馥）为代表，西山下村胡姓以胡龙祥为代表（契约木牌仍保留在西山下村胡姓裔孙胡日为家），完成了最近一次护山签约。后因社会变动，许姓祭祀礼制渐渐淡泊，许家坟山有段时间无人问津，时泾公的坟墓已是荆条笼罩，柴草丛生。直到1981年，西山下村村民洪观度长子娶磡头村许启平，因观度母墓地与许时泾公墓地比邻，他将妻子的许姓祖坟，视作本户祖坟，斫开荆棘，清理杂草，清明祭祀。后洪观度次子、三子都是磡头村女婿，时泾公墓便由洪观度子孙清理杂草，祭扫英灵。

2020年，磡头村开始续修《涧洲许氏宗谱》，许家坟山重新引起许氏家族后裔重视。2022年3月，二十世裔孙许太全和十九世裔孙许康明牵头，许建兵、许晓军、许跃宏、许映模、许道有等热心族人主动参与，捐资整修许时泾墓坟明堂，立石碑。据说参加祖坟修缮的有一位善缘人，多年来梦寐以求的愿望，来年成了现实。许太全幽默地说：“许家坟山祖坟真灵验！”

人到晚年，都有祈望子孙腾飞的愿望。胡德明先生日有所想夜有所梦，是一种心理状态。许朦胧的成功，源于她从小就显露出音乐天赋，父母顺其自然，因势利导，她自己年复一年，日复一日，如痴如醉地沉浸在音乐之中，一步步跨入音乐的成功之门。她2020年考入中国美术学院攻读歌剧学研究博士生；2021年2月，以博士交换生的身份赴瑞士苏黎世艺术大学访学；2022年入选国家留学基金委“艺术类人才培养特别项目”，赴德国波恩大学留学。胡德明先生的梦想和预言成为现实，许朦胧艰苦求学，持之以恒，登上高峰。

做好事、做善事，人的成就感、自豪感、愉悦感会油然而生；随着心情愉悦，人的情绪会发生良好变化，就会出现意想不到的效果。

附：胡德明先生《腾飞吧，朦胧！》遗稿

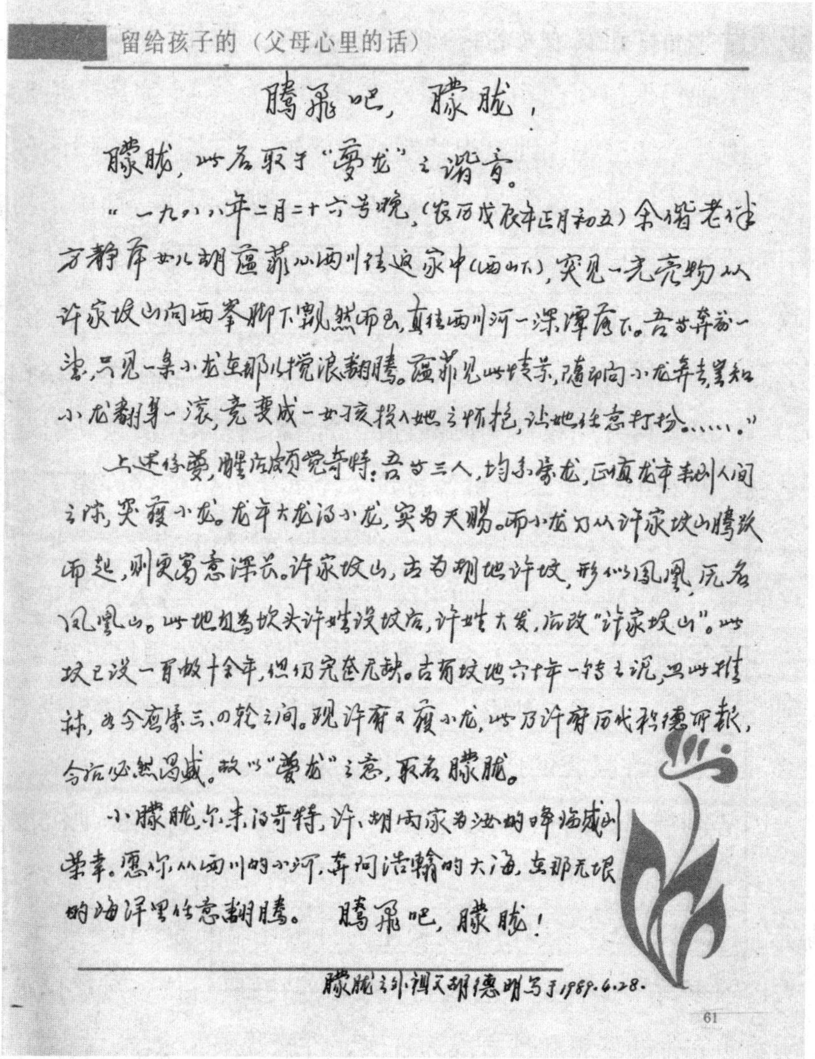

留给孩子的（父母心里的话）

腾飛吧，朦胧！

朦胧，此名取于"梦龙"之谐音。

"一九八八年二月二十六号晚，（农历戊辰年正月初五）余偕老伴方静萍女儿胡蕴菲从西川往返家中（西山下），突见一光亮物从许家坡山向西峯脚下飘然而至，直往西川河一深潭落下。吾等奔前一瞧，只见一条小龙在那儿搅浪翻腾。蕴菲见此情景，随即向小龙奔去，岂知小龙翻身一滚，竟变成一女孩投入她之怀抱，让她任意打扮……。"

上述作梦，醒后颇觉奇特：吾等三人，均系属龙，正值龙年来到人间之际，突获小龙。龙年大龙得小龙，实为天赐。而小龙乃从许家坡山腾跃而起，则更寓意深长。许家坡山，古为胡地许坟，形似凤凰，原名凤凰山。此地因为坟头许姓设坟后，许姓大发，后改"许家坡山"。此坟已设一百数十余年，但仍完整无缺。古有坟地六十年一转之说，但此坟至今历经三、四轮之间。现许府又获小龙，此乃许府历代积德所报，今后必然昌盛。故以"梦龙"之意，取名朦胧。

小朦胧你来得奇特，许、胡两家为你的降临感到荣幸。愿你从西川的小河，奔向浩瀚的大海，在那无垠的海洋里任意翻腾。 腾飛吧，朦胧！

朦胧之外祖父胡德明写于1989.6.28.

61

胡家水碓与许家坟山

我的家乡在安徽省绩溪县伏岭镇西川行政村西山下自然村，依山傍水，水资源丰富，有两座水碓。一座是洪家（洪氏家族）的水碓，建在下游；一座是胡家（胡氏家族）的水碓，建在村头。隔壁邻村的胡家村、外庄村等村民都到西山下村来磨麦（加工面粉）和舂碓（加工大米）。一年到头，水碓十分繁忙，村子不大却很热闹。

村民中以洪、胡、程、章四姓为主，洪、胡两姓后裔较多。我从小就知道洪姓很少去胡家水碓加工粮食，胡姓也不会去洪家水碓加工粮食。听老人们说胡家水碓是因磡头许氏雇佣胡家人看坟山而建造的，水碓收入作为看坟山人的工钱。二十世纪八十年代，责任田到户，碾米磨面逐步机械化，人们渐渐不再使用费时费力的水碓了。生产队曾是人民公社的基本单元，现已失去昔日的功能，队屋、两座水碓等集体财产都出售给个人。我参加工作后成了家，落户县城，也渐渐地淡忘了水碓的事儿。

2022年1月3日，磡头许氏20世孙许传成、许太全、许康明邀我带路去西山下村许家坟山祭祀七世嫡祖许时泾（1544—1635），并提议先去看望帮许氏看守祖坟的胡氏后裔。过了村头水泥桥，恰好看见70多岁的胡治平正在河边洗东西。我向他说明了来意，他好像见到了久盼的亲人，把我们带到家里，介绍了磡头许应熊建造水碓、购置山地安葬祖父的经过。

磡头村九世祖许应熊因妻子是胡家村人，经常来往于胡家村、磡头村。他精究天文地理，相中了西山下村背后的一片山。许应熊担心如果直接开口买山，村里人不会同意，于是先在西山下村村头买地建造一座水碓，为西山下村人造福。许应熊派人在村前建坝，拦截西坑河及桐坑源两河之水作为动力资源，水渠长1华里有余，建成水碓，耗资不少，开创了用水力资源作为动力磨面、杵米的先河，改写了用石臼或木臼杵米和用人工推磨磨面的历史。上下邻村都来西山下加工稻、麦，无不称赞磡头许先生做了一件大好事，称他是一个大善人。

时间一长，应熊先生与西山下人就混熟了。他见时机成熟便向西山下洪姓提出购买村后山场的要求。由于得到大多数村民的支持，许应熊顺利地与洪姓签了契约，在购买的山场上埋设“许氏坟山美字280号当岭直下至此”的两块山界石碑，此后这片山场就叫许家坟山。许应熊以建水碓做善事实现了买坟山的目标，不久便将水碓半卖半送给胡家村岳父本家，聘请他看守坟山，并立下字据，山场斫树三七分成，看坟山人得三，许家得七，胡姓管理水碓有了稳定收入，又有看守坟山的收益，皆大欢喜。

胡家村与西山下村相距1华里，风里来雨里去，年复一年，管理水碓、看守坟山十分不便。于是胡姓便在许家坟山脚向洪姓买下土地，建造房屋，迁来西山下村安居，从此西山下村多出了胡姓人家。

应熊先生祖父时泾公逝世后，灵柩便被安葬在许家坟山。之后家庭人丁兴旺，改写了两代单传的历史，应熊生了两个儿子，两个儿子生了八个孙子，八个孙子又生了25个曾孙。这件事触动了胡家村风水先生，他一看，许时泾葬的是凤凰形，而不是磡头人说的“风吹罗带形”。这只凤凰盘踞在西山下村后，面向胡家村，对胡家村不利。胡家村人商量着要想方设法阻止磡头许姓发家势头，风水先生告诉胡家村人，需在两村之间的田畈中造高3米、宽2.5米、长约200米的横坝（二十世纪七十年代农业学大寨时拆坝改田）；在许家坟山的南侧西山上（地名）建佛寺，“日烧香，夜点灯”驱走凤凰，才能止住磡头许姓兴旺发达的步伐。然而，寺庙香火不旺，后又改为尼姑庵。1958年拆除了尼姑庵，砖瓦用于胡家九亩坦建家朋初中（又名绩溪四中）。随着国运的昌盛，胡家村人的日子和磡头人一样越过越美。

讲完了许家坟山的故事，胡治平带我们上了坟山，历经386年的风霜雪雨，许家坟山的时泾公坟墓仍然保存完好。许传成触摸苔绿斑斑的麻石墓碑，轻轻拭去青苔，“云川时泾公许氏之墓”仍然清晰可见。他给碑文填上黑墨，一行人向这位先祖深深地鞠躬后，又找出被挪作灰灶灶门挡梁的山界碑。许传成用手抚摸着“许氏坟山美字280号当岭直下至此”的碑文，一字一字地念给我听，让我给记下来。他那声音里，透出后裔们拜见先祖的激动心情。这界碑是磡头许应熊购置许家坟山的历史见证，胡家人历经三百多年一诺千金的契约精神令人敬佩。

许时泾后裔代代相传，与胡姓续签看守坟山协议。最近一次签协议的时间约是民国初期，“磡头镇”（当时磡头村叫镇）代表是泰来公18世孙许建安（又名松馥），西山下村代表是胡龙祥。胡龙祥孙子胡日为还保存着完税的木牌，一面写着：“业主许秀砎（即许时泾），代表陈报人许建安（住第三区第四十一保磡头镇）；代看山人胡龙祥（住西山下本村，立有租批）。”背面是“第 号，计完税捌分正。坟山壹业，其四至：上至山降；下至脚。外至岭直下及屋沟界，里至岭。有碑为记”。

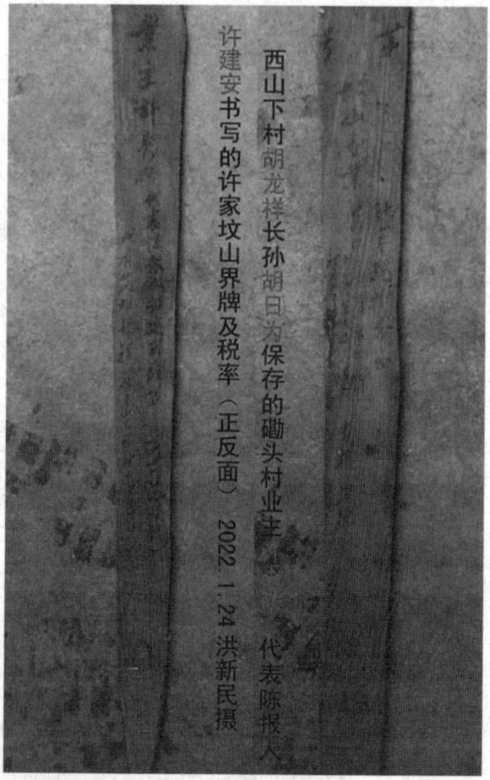

西山下村胡龙祥长孙胡日为保存的磡头村业主许秀砎代表陈报人许建安书写的许家坟山界牌及税率（正反面）

2022.1.24 洪新民摄

磡头时泾公后裔，每年清明节到许家坟山集体祭祀成为祖制，延续了200多年的历史。民国中后期，因战乱等原因，人们渐渐地淡忘了这个敬祖传统。中华人民共和国成立后，山场田地属性有所改变，胡家水碓也归为生产队集体所有，可是西山下村人守护许家坟山古坟的初心未改，延续至今。

胡家水碓和许家坟山，是许应熊的杰作。1913年编《涧洲许氏宗谱》，记载许应熊“常持一编，终日不辍，并研究天文星历地理诸学，而地理尤精”。“我邑习俗，注重坟水，然当觅之于无形，不当觅之于有形。”许应熊在当时的社会历史背景下，“觅于无形，吉地自获”，得到了心理慰藉，也满足了当时宗族成员的心理需求；而建造水碓，又造福一方百姓。他虽然精通风水理论，但是他的内心深处并不完全苟同风水对子孙绵长的作用，他“一生砥砺廉隅，谨守礼节……人有急难，辄倾囊济之”。他认为一个家庭的昌盛发达，子孙绵长，在于积德行善，世世代代都讲德行，做好事，做善事。他为大儿子取名“积德”，小儿子取名“世德”就是最好的例证。风水的观念已经过时，但积德行善的优良传统仍然世代相传。

西山下村胡氏后裔［接力守护磡头（云川）村许氏七世祖许时泾墓 388 年］与磡头许氏后裔送匾致谢人员合影

前排左起：许太全　方利华　胡治平及孙子　许传成

后排左起：洪新民　许道有　许映模　许跃宏　许康明　许金河

第五篇

往事回眸

走进磡头许氏

西山下村位于绩溪县伏岭镇西川行政村西峰山脚，坪梓山、许家坟山都是西峰山的余脉。

许家坟山在西山下村家喻户晓，这是磡头村许姓人家为了安葬一对先人夫妻而购置的坟山，是许姓风水师看中的风水宝地。左右山脊上埋设“许氏山界”界碑。磡头村距西山下村约8公里路程，管理坟山多有不便，许姓专门请了山脚下的胡姓世代看山，其他姓氏没有经过允许不准安葬在许家坟山。磡头许姓给幼年的我的印象是：特别有钱。

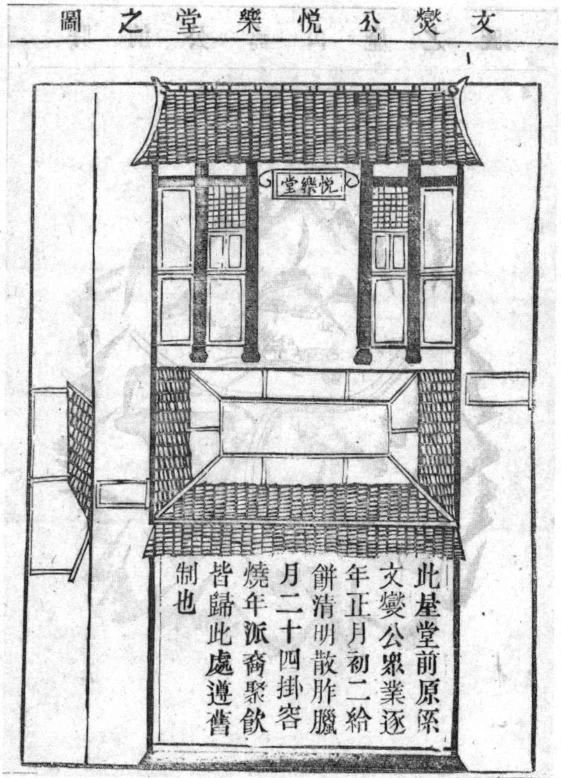

父亲告诉我，他小时候就看到磡头许姓每年都抬着猪来祭祖，仪式十分庄重。许家墓前有一80厘米正方花岗岩石柱，精雕细琢，中间有一圆柱孔，寓意子孙做人做事要外方内圆。祭奠完毕还要发饼。祭祖是尊祖敬宗的优良传统，但随着时代变迁，这种仪式逐渐淡化。

1973年5月，我祖母去世。此时，许家坟山已无人看管，祖母便葬在许姓祖坟的右边。我每年清明节去凭吊祖母，看见许家祖坟杂草丛生，荆藤缠绕。不知何时，方圆石被人滚下山挪作他用，山界碑也不见踪影。

1982年，我与磡头村许日新独女许启平结婚。许姓祖先是我妻子的祖先，那年父亲砍去许姓祖坟的杂草和荆藤，整理得干干净净。每逢清明节我和妻子祭拜祖母，同时祭拜许氏的祖先。后来我的两位兄弟也分别娶了许姓媳妇，与磡头许氏结下不解之缘，他们一样祭拜这对许氏祖先。

2009年，勤劳的岳父去世。在整理他的遗物时，发现他珍藏几十年的曾祖许源镜（许源正）手抄家谱《三元会谱》，才了解到他的外公就是西山下村为许姓看坟山的胡再云公。我自《三元会谱》入手，对照涧洲人士许传成父子编写的《磡头志》，整理出从磡头许泰来一世祖世递至我岳父的家族序列。

2020年4月19日，一个偶然的机会遇到磡头许姓二十世孙——76岁的许水淦先生。说起磡头许姓，他很自豪，逢知情人便赞颂许氏祖先的功绩。他的先祖与我妻十六世祖是吃一锅饭的本家，自然与我谈起了妻子祖辈的情况。我告诉他编印岳父家谱的事情，他很感兴趣，向我要了一本。第二天，吃过晚饭，他就骑着电瓶车到我家，拿出收藏的三本许姓族谱，其中一本封面、封底都是网状的、用绵纸手写的是许金公一脉族支谱。另外两本是1913年许汪生、许桂馨、许端卿主编的《涧洲许氏宗谱》，谱中有我妻子的祖辈记录。许水淦查看了许源镜手抄《三元会谱》家谱，同我一起研究许氏先祖的来历，厘清祖脉，解开了许多谜团。水淦一时兴起，跟我谈了许姓几个关键性的历史人物许远、许寿，以及许姓从何迁来……我们聊得很晚，意犹未尽。临走前，他千叮万嘱一定要抢救手抄本族谱："你是许家的女婿，有义务整理许氏族谱。拜托你花点时间，把那本老谱整理出来。"望着他远去的背影，我感触很深，一个70多岁的退休党员老干部，对自己的祖先如此敬重，不由让我肃然起敬。我仿佛看到磡头许氏后裔骨子里对自己祖先的崇敬之情。

我小心翼翼地打开磡头许氏六世祖许金一脉的手抄族谱，书谱柔软如缎，书的四边磨出了细细的纤维，毛茸茸的。书的封面封底，已被翻阅成细细的银丝，那娟秀、遒劲有力的毛笔字，显然出自功底很深的书法大家之手。许金公，又名牙，字廷坚，号涧洲，因公行礼贤垂士，仁孝纯心，富甲一乡，家邦颂德，屡荐六邑大宾，是磡头许氏最为杰出的人物。他奉旨为祖母在磡头村许氏宗祠前建造节妇坊，矗立如初，供世代景仰。这本谱前半部详细记录着许金一脉的繁衍脉络，后半部是裔孙许元及北宋政治家、思想家、文学家、改革家——唐宋八大家之一王安石的许氏族谱序二则，还有唐宋皇帝给许氏杰出人物的敕封以及许姓的起源说。

许姓的来历与许氏祖先的功勋是分不开的，"许"是一个了不起的姓氏。传说，许氏出自姜姓，据王安石许氏谱序，神农裔孙伯夷辅佐尧舜有大功，封四岳（祭山的官），赐以姜姓。伯夷后，周武王平殷，天下定。文叔公进爵位，封男赐姓为许。文叔公为许姓始祖，脉延至七十二世，著名理学家、天文学家衡公长子许远平安禄山之乱有功，唐朝皇帝敕封忠烈王，千年忠臣庙祀，万载唐室奇勋，赐图世袭侯爵。许远长子良卿封列侯，次子良臣封开国男。

良臣公孙许儒，有高行，能诗文，登进士第。梁皇朱温（852—912）屡诏，儒不愿为伍，不授，遂携妻儿从雍州举迁新安歙县篁墩，置第居焉，闭户读书，谢绝世故。儒生四子，其一子迁仿源，以姓为村名，曰许村，成新安大族，尊儒公为新安一世祖。儒公玄孙明经员外郎许透由歙县许村迁祁门。

新安许氏七世祖许麒由祁门迁绩溪云川（即今家朋乡霞水村。1913年编《涧洲许氏宗谱》否定此说，认定是许透迁云川）。因许麒公子许寿随岳飞抗金，功授兵马先锋陆车骑都尉，公元1146年阵亡，宋皇帝追封“投苏王”。敕麒公金紫光禄大夫。至新安二十世裔孙明义，生三子：泰初，泰来，橙。

明洪武二年（1369），新安许氏二十一世泰来公由云川大桥头梅杏园下始迁涧洲，成为涧洲许氏一世祖。泰来娶邻村竹里周关奴，不育，继娶周关奴之妹周元奴，数年后连育四子：景潜、景滢、周福、周童。泰来深感积德之重，广种“福田”，故在徽浙通道旁的山上（今家朋乡梓舍干与周村交界处），择地坐北朝南建造“福田寺”，内塑佛像供世人敬奉，香火鼎盛（该寺于1942年坍塌），磡头许氏枝繁叶茂，遂成为旺族。许金家谱记载，宋朝皇帝曾恩准许万庆、许元一重修许氏族谱，拨白金五百两，“印四本，天、地、人、和四号即焚谱板”。宋熙宁三年（1070），王安石为许氏族谱撰序。

磡头许氏十分重视教育，办私塾、开义学，培育了许多人才。五世祖本玉公乐善好施，兴建道路，赈济灾民，剿除浙贼，府县请旨诏赐“义官”；六世祖许金祖母章义体守志抚孤，钦奖“节妇”；七世祖时润公，承德郎任广西都司正断事，有“铁面都司”之誉；八世祖许楠“补浙江太平知县”；八世祖许校“授礼部冠带儒士”……磡头村许氏“自开基651年以来，民风淳朴，文风兴盛，勋贤硕儒，达官循吏，人才辈出”。

清光绪三十至三十二年，磡头村许应如参加宁国田化龙农民起义；民国二十六年磡头许灶益、许德如在淞沪抗战中壮烈牺牲。1951年，许家朋参加抗美援朝，以身堵枪口英勇捐躯，被中国人民志愿军追记“特等功”，授予“一级战斗英雄”称号；朝鲜授予他“朝鲜民主主义共和国英雄”称号。

1991年“7·2”洪灾，洪水冲毁了磡头村涧洲河两旁道路、几十间房屋、电线杆，交通瘫痪，电力中断，直接损失近千万元。时任家朋乡专职教委副主任兼党委秘书的我，目睹了磡头村人民面对自然灾害，不等不靠，自力更生，重建家园的历程。磡头许氏爱国、爱家、勇敢、勤劳，在我的心中立下丰碑。

磡头许氏，重视文化传承。明代弘治年间（1488—1505），许氏自立宗祠，进一步规范许氏裔孙行为规范，祭祖议事，厚德载物，后毁于火灾。至嘉靖年间，许氏六世祖许金（1473—1551），筹资百臻，“于家之南拓地数丈，倡议族人共同重建许氏宗祠”。“许金公去世后，七世祖许时清（许金三子）子承父志，承担建祠重任，于嘉靖三十一年（1552）年秋，团结族人重建许氏宗祠，历时4年，于嘉靖丙辰年（1556）冬落成。共分上中下三进，面积计1000平方米。”时隔471年，磡头许氏后裔许利、许家德、许大前、许传成、许家荣等组织重建许氏宗祠，投入一百多万元，完成了前进和中厅重修工程。

磡头许氏，十分重视时节文化。在重大时节，如庙会、春节、安苗节等，请戏班来村唱戏，陶冶情操，避免后裔误入歧途。据《磡头志》记载，民国二十三年（1934）正月始，倡导许裔上台唱戏。许氏众人或自编自演、或引进剧本，能者导演。遂促民风纯正，夜不闭户。

尊祖敬宗，是磡头许氏宗族文化的一大特色。“每年大春初二那天，房派理事，挂上许氏神公像，当年那家收清明费，准备祭品和赏品。男丁上坟、拜坟岁、祭祖，每人发饼二个，新婚夫妇亦是两对，这个风俗一直流传到抗日战争初期。”至今每逢清明节，家家户户祭祖的习俗始终未变。

修谱修志是尊祖敬宗的重要体现。1913年，磡头许汪生、许桂馨、许威主持编修了《涧洲许氏宗谱》；1997年，涧洲人士许传成与儿子许晓俊自费主编《磡头志》上中下三册。除此以外，许姓每家每户，但凡有点文化的必撰自家的序列，以此正本清源，祭奠先祖，激励后人，面向未来，发家昌族。

走近磡头村许姓，我了解了磡头许氏的脉延传承、宗族文化、凝心聚力的宗族魂，明白了他们不屈不挠的进取精神、舍身忘我的爱国主义精神与敢于开天辟地的创造精神。我深深地感到，“许”姓是一个了不起的姓氏，在历朝历代的发展进程中，许姓裔孙发挥了巨大的作用，创造着璀璨文明的历史，推动着社会的腾飞。他们的家庭文化、宗族文化无疑是昌家强国的力量源泉，是社会发展的源动力。

永远的记忆

——家朋村“7·2”洪灾侧记

1991年7月2日，那是我一生中最难忘的一天。下午三时左右，涧洲河洪水像恶魔般地咆哮着，震撼着磡头村这个古老的村落，沿着河两岸肆虐。六座明代石拱桥中有五座被冲走；明代建筑“元戎分理”石牌坊，仅存一尊石狻猊。数百年的石塝瞬间倒塌，毗邻的房屋受到牵连，无可奈何地顺水漂去……洪水过后，磡头村一片惨景。

那天下午2时，磡头村下着大雨，家朋中心小学正在进行四年级期末统测。程步青校长邀我参加小学领导班子会议。会议在他家中进行，讨论有关放假安排事宜。约半个多小时后，大雨升级为特大暴雨，我建议程校长休会，安排人员护送学生放学并安全回家。

殷丽亚／摄

我们立即赶到学校，程步青校长还通知各村小学，务必护送学生安全回家。我走进许氏宗祠前进二楼的教室，窗前有“节妇坊”石牌坊和阳川石拱桥，涧洲河一览无余。只见河水暴涨，隆隆的响声好像石头在滚动，又好像闷雷阵阵。声音从窗户涌进教室，墙体似乎在颤抖。洪水冲击着阳川桥的桥面，掀起巨大的浪花，阵阵拍打声挟带水汽扑面而来，让人不寒而栗。阳川桥护桥拦河坝与下游落差2米，巨大的洪峰满负荷地冲过桥洞，像发了疯的猛兽撞击着河塝和街道。

突然，阳川桥下西水街村民许传健家的砖木结构老房子东侧墙体瞬间垂直垮塌，被洪水吞没。这时，71岁的周求仙，还在从二楼往里屋搬柴火。房子摇摇欲坠，老人家随时都有生命危险。我大声呼喊：“老人家，房子要倒塌了，赶快躲到里面去！”虽然相隔只有30米远，但是喊声被洪水的咆哮声淹没，老人仍在搬柴。我只好叫身边的人一起喊：“老人家，房子要塌了，赶快躲到里屋去！”喊声依旧被山崩地裂的洪水声淹没。人们都说母子连心，儿子的叫声，母亲一定能听到。我急中生智，立即叫身边的群众赶紧去叫住在河东的次子许传健来，让他的母亲赶紧离开危险境地。许传健气喘吁吁地跑到窗台边喊：“妈唉，快走开！房子要塌了。”周求仙仍紧张地来回搬柴。

突然，一楼地基被洪水冲毁，整个屋架随即向河中倒去，瓦片像雨点般落下，周求仙被瓦片砸中，随屋架摔落。在场人的心都碎了，许传健撕心裂肺地喊着：“妈呀！”

不幸中的万幸，老人只是失去了知觉，暂时被塌方斜坡的石头挡住。石头外，洪水怒吼着，只要老人稍微滚动，随时都有被洪水冲走的危险，大家的心都悬着。这时，邻居许健全不顾个人安危，从塌方处跳下去抢救周求仙老人，塌方随时会扩大范围，瓦片还在落下，他的头被砸破多处。顾不得擦流下的血，他背起老人艰难地往安全区爬去……

灾情紧急，我顾不得再看抢险救人的惊心场面，马上离开现场，向最近的家朋税务所电话机奔去。我向乡政府报告眼前发生的一切，电话机一片忙音，我便直接向县人民政府办公室作了汇报。

放下电话机，我从村后巷子跑到村头，只见永安石拱桥被冲毁，桥东侧的房屋被夷为平地。围观的人说：河道本来就仅有6米宽，不知谁家的草堆（用4米左右的杉木树干为轴心，用石头固定树干，绕着树干堆稻草成3米多高）堆在河旁，河水满负荷冲来，整个草堆顺水冲下，被永安桥堵住。水流急，落差大，河水迅速猛涨，形成2米多高的洪峰浪头，巨大的洪水将永安桥推倒。洪水像脱缰的野马向下游奔去，横冲直撞，肆虐着水街、古桥、房屋……后来经统计，冲毁水街1300余米，磡头古民居292间。

家朋人民不愧是英雄的人民，没有在自然灾害面前退缩。他们在家朋乡党委和家朋村党支部的坚强领导下，“立足自力更生，多方争取外援，发扬英雄精神，奋起自救建家园”。当日，党支部、村委会干部在祠堂和血防站等场所，安置无家可归的灾民，让灾民有基本生活保障。一场有条不紊的抗洪救灾战斗拉开序幕。

中共中央办公厅、中央纪律检查委员会、中央宣传部、中央对外宣传小组、中央组织部等八部委干部捐赠衣被，送来了中央的人文关怀和情系灾民的温暖。

绩溪县人民政府以工代赈20余万元；港澳台胞捐资20.2万元建房，支持家朋村重建家园。县、乡干部亲临一线抗灾，家朋村干部上下齐心，群策群力，经过一年的努力，共修复磡头水街1332米、混凝土路面1000米、条石路面900米、水坎15座，建石拱桥5座（其中台胞汪光俊先生捐资建造一座）、水泥钢筋混凝土平板桥4座、河岸护栏710米、护塝拦河坝12座、石踏步1处，河道由原来6米拓宽至8.5米。1992年冬，磡头村完成了重建家园任务。

家朋村暴发洪灾时，我时任家朋乡专职教委副主任；我后又调任家朋中学校长。当年，我耳闻目睹了家朋村水灾及抗洪救灾过程。三十多年过去了，家朋水灾那惨景，家朋乡人民团结一心抗洪救灾那不畏一切困难的精神，党和国家各级政府心系山村灾民的深情，县、乡领导干部亲临一线抗洪救灾的亲和力，仍历历在目，成为我抹不去的永远记忆。

灾后家园展新容

它是“中国传统村落”“中国美丽田园”“全国环境优美乡”“徽州古村落的一颗明珠”。

它是“全国首家摄影小镇”“中国摄影家创作基地”“安徽省优秀旅游乡”“安徽省红色旅游乡”。

它的最后易名是为了纪念中华好儿女、绩溪好男儿、中国人民志愿军“黄继光式”的特等功臣、一级战斗英雄许家朋。

1992年金秋时节，我前往绩溪县家朋乡采访，脑海里浮现出去年七月在这里见到的洪灾惨景：肥沃良田变成了乱石沙滩，秀丽的古村落桥毁路断，墙倒屋塌……

车子驶入家朋乡境内，放眼窗外，山岭含黛，田畴铺金，青青村舍掩映在绿茵之中，已看不到大水灾后的迹象了。

我们下车步入磡头村的千米水街，见滚水坝、护岸全部用花岗石重新砌就，坚如铜墙铁壁。

穿村而过的云川河，河道直了、宽了。两岸的新民居，鳞次栉比，仍旧是一色的粉墙黛瓦，檐牙凌空，有的墙角、屋檐、门楣，还绘上了山水画，再现徽派古宅风韵。

乡长纪信昌介绍说：磡头村去年遭受重灾的63家“三无户”已有61家盖了新房，另外两家也正在筹建之中。

磡头，安徽省历史文化保护区，为了使这颗徽州古村落明珠灾后重放光彩，县、乡、村根据百年一遇防洪标准，周密规划，精心施工。村里先后接受各种救助捐款80余万元。目前，水街新民居仅恢复古村落雏形，待全部完工后，我们决定在村口立碑纪念，泼墨大书：社会主义好，共产党亲！

出村时，纪乡长饶有兴趣地指着村口的那棵千年古樟树说：你说怪不怪？去年我们遭受特大水灾后，这棵樟树的树枝全部枯死，树叶落尽。今年，我们灾后重建起家园，它竟神奇般地活了。

我抬眼望去，只见形如巨伞似的千年古樟树，一半以上的树枝已经返青，又缀上了葱郁滴翠的绿叶。

真可谓盛世喜事多!

（周慕军）

家朋学校的前尘往事

2010年8月25日，绩溪县人民政府批准成立的九年一贯制家朋学校，由原来的家朋中心小学与原家朋中学合并而成。至此，具有52年办学历史的家朋中学，91年办学历史的家朋中心小学，完成了它们光荣而神圣的使命，后者也整体从磡头许氏宗祠迁出。

学校新址位于家朋乡门前崖下的大石桥畔，与省级文物保护单位，安徽省少先队教育基地、绩溪县中小学德育教育基地——许家朋烈士陵园隔河相望，环境幽静，景色优美。新址占地面积10225.4平方米，建筑面积4080平方米。校内设有教师办公楼、教学楼、师生宿舍楼、食堂、实验室（小学科学实验室和初中理、化、生实验室）、微机室、多媒体教室、图书室、卫生室（心理健康咨询室）、音乐室、美术室等，完全满足学校教育教学的需要。

家朋中学为偏远山区的家朋乡培养了不少人才，随着社会的发展，它也跟着发生变化。时光荏苒，回顾过往，它经历了农业中学、初级中学、完全中学、全县布局调整以后的初级中学、家朋学校五个阶段。

一、民办农业中学阶段（1958—1968）

自古以来，家朋乡家朋村（原名磡头村）一直传承尊师重教的优良传统。中华人民共和国成立后，党和国家十分重视教育事业的发展。政治上的翻身和喜悦燃起了磡头村民对文化教育更加渴求的热情。由于受到国家综合实力的制约，中华人民共和国成立初期还不能普及中小学教育。在这样的背景下，1957年国家主席刘少奇向教育部门提出了试办半工半读学校的建议；1958年初，刘少奇又在中央政治局扩大会议上提出“两种教育制度、两种劳动制度”的主张。1958年4月，县文教局召开工作会议，传达贯彻中央的办学指示精神。会后，磡头乡党委会及时作出了创办磡头农业中学的决定，校舍选在许传国的自家院内，在空地上建造一间简易教室，由许传国担任教师兼行政负责人。

1958年7月11日，磡头乡党委会召开会议，决定“文教卫委员会由胡海法、周东甫、周柳珍、唐宛萍、江灶石、王金山、周国法等7人组成，胡海法为主任、周东甫为副主任，其余人均为委员”，加强对即将四乡合并后文教卫工作的领导。

1958年8月，绩溪县人民政府作出行政区划调整，胡家、荆州、和阳等三乡整体并入家朋乡，成立家朋人民公社。公社领导决定将胡家农中、荆州农中并入磡头农业中学，更名为家朋公社农业中学。合并后，由家朋人民公社分管宣传的干部直接领导，许传国担任学校行政负责人兼教师。此时，学生已有78人（数据来源：家朋人民公社《1959年工作总结》），分两个教学班。原有家朋农业中学校舍，容纳不下两个教学班级，家朋公社决定家朋农中从许传国自家院内搬迁到东山营老屋（原名崇也堂）。抽调原胡家农业中学教师程本初、荆州农业中学教师胡洪德担任文化课教员，另配备炊事员洪三清（胡家西山下村人）。

家朋人民公社辖区范围大，生源增长快。东山营的校舍受到地理环境条件的限制，再次无法满足发展的需要。1959年动议另选校址，办全日制中学。获县委宣传部批准后，立即着手实地考察，选择校址。经过比较，认为胡家村土名九亩坦的地方有十亩平地，交通方便，位置适中，适合建校。县委宣传部批准这一方案，拨款3500元，在九亩坦建校舍。1959年8月，在新校舍尚未完工的情况下，家朋公社农业中学开始搬迁，借用西坑村的舒家老屋上课，教工和学生分别寄住在舒正义、舒正时、程玉有等几户私人住宅里。1959年12月，新教室完工，师生全部搬进新校舍。校名改称为家朋初中。因当时全日制中学有绩溪中学、扬溪中学、浩寨中学，所以家朋初中也被称为绩溪四中。学校行政负责人仍是许传国。

家朋初中从东山营迁到九亩坦，设有初一、初二两个年级，合计三个教学班（一年级2个班，二年级1个班），学生107人（数据来源：家朋人民公社《1959年工作总结》）。除原有3位教师外，增加了邵光涛；工友增加了胡社灶。此时的家朋初中名称上是全日制中学，实际上是民办性质。办学经费和教师工资由公社筹集，学生的杂费和勤工俭学收入也用于弥补经费不足。1960年5月15日，家朋公社第九次党委会决定："程本初每月工资23元，胡洪德每月工资20元，许传国每月工资25元，邵光涛每月工资21元。"

1960年10月1日，家朋公社书记许文定主持第十六次常委会议，决定"方大成调农中负责"。"为了农业中学发展，将学校搬到联合大队（注：联合大队即后来的尚村大队）乌石堆。"公社又拨尚村乌石堆水田10亩给学校，作为学生劳动基地，增加学校收入。为了经营好这10亩田，学校抽调了初一年级一个班住宿在乌石堆和尚庙内。学生们边学习，边劳动。鱼龙山村老党员方大成负责乌石堆教学点工作。后因距本部太远，交通十分不便，两个月后全部撤回。

1960年，因受自然灾害等因素影响，国家进入三年困难时期。农民食不果腹，完全丧失了供子女学习的能力，学校举步维艰。1962年下半年被迫停课，自此学校停办达四年之久。期间又经历了公社撤大化小的变化，1961年11月，从大公社中分离建制为家朋、胡家、荆州、和阳四个公社。

1965年，在党中央的领导下，经过"调整、巩固、充实、提高"，渡过了三年困难时期，国民经济有了很大的转机，人民群众走出了生活困境，又有了让子女接受教育的需求。由于小学毕业生增多，绩溪县岭南片仅有的绩溪中学、扬溪中学，已不能满足学生升学的需求。于是，复办初中的议题摆在家朋人民公社党委和政府的面前。

程银海老师2023年9月回忆："1966年，在大城市，文革已轰轰烈烈开始，中央颁布'文化大革命''五一六通知'和'十六条'文件，学生开始大串联，但农村文革尚未发动。当时，我在和阳公社胡田小学任民办教师，暑假被抽调参加绩溪县中小学教师学习会。学习会结束前，党总支书记周林顺，家朋公社党委书记章日和找我谈话，经文教局批准，新学期我被家朋公社聘为家朋农中专职教师。征询我个人意见，我当即接受聘用。"

"我报到后，第二天当即以农中教师身份前往县文教局领取校印，印文为'绩溪县家朋人民公社初级农业中学'。家朋农中升级为家朋中学后，原公章我交给学校负责人方社松（荆州公社方家湾村人）。"

1966年9月，复办家朋农业中学，校址仍在许传国院内。"一间新建平房教室，20套学生课桌凳，一块黑板。借用家朋小学一间教师宿舍，"程银海老师回忆，"1966年招收一个教学班，40名学生，仅一名专职教师。"

"当时所有的学生全部来自家朋公社，首批学生有许大跃（和尚岱），汪亚萍（松树坞），方时武（磡头村），许家维（方家村），许传涌（磡头村），许家德，周世虎（竹里），唐世山，程元明，周厚朋，周厚国，许道华，许利德等。磡头村学生在家吃饭，外村学生一律自带中餐走读。公社副社长章柳时（女）兼任校长，分管农中办学事宜。"

"开设语文，数学，每周各六节；农业常识，政治，每周各四节；唱歌，体育，每周各两节。每周六半天劳动。"

1968年4月19日，家朋公社召开领导组和公社干部会议，研究农中招生问题，同意招收高小毕业生10余人为初中新生。

会议还决定每个生产队从公益金中抽出人民币3.00元，补贴农中。随后召开大队、生产队干部会，会议上通过后，由公社打报告呈县第一线指挥（部）审批。

"原来生产队拨给农中的6亩土地（在苦竹街村之上水田3亩、旱地3

亩），农中坚持种下去。社直机关按时予以（经费）支持。”

1968年9月，家朋农中仅有一个班级，增加了教师张玉木。玉木老师讲授语文课，程银海讲授数学课。办学经费来自公社筹集及学校组织勤工俭学的收入。

1968年10月28日，家朋公社革命委员会召开扩大会议，（各生产大队负责人参加）研究了农业中学校舍新建问题。“会议要求首先测量、设计规划搞好、预算好，从精打细算原则出发，用仅有的2800元先动工，万一不够的话，交公社革委会研究解决。建校负责人有公社干部周观庆，家朋大队许家山，霞光大队周七顺，富强大队洪光明，合力大队葛广安，竹里大队（未定），农中程银海，幸福大队程启流等。”

会议结束后，开始兴建东山营校舍，为来年初中扩大教育规模做准备。

二、公办初级中学阶段（1969—1972）

1969年2月16日，家朋公社召开常委扩大会议，章日和书记传达县教育局革委会会议精神：“农村的文权、财权、人权由社队直接领导，学校由贫下中农管理。公社成立教育革命委员会，大队成立教育革命领导组。”并且要求村村队队有学校，1969年初中不出公社，小学不出队，有条件的大队可办初中班。1969年有条件的公社可办高中班，1970年到1973年社社有高中，大队有初中，小队有小学。学生学习在校，吃宿在家，生产在当地。”县里对农村教育有了明确的办学目标，增强了家朋公社干部和家朋人民办好公办初中的信心。

1969年，家朋人民公社向绩溪县人民政府申请，要求解决农业中学学科配套问题、创办家朋初级中学，县政府批准了家朋公社的报告。当年绩溪中学下派胡周岩、吴竞豪、葛有卓三位公办教师来家朋初级中学任教。县教育局又陆续从外地调入教师，如程庸祺（从合肥一中调来）、焦顺安（合肥工业大学毕业）、张亿桢（安徽师范大学毕业）。在原家朋农业中学的基础上创办了家朋初级中学，方社松任校革委会副主任（主持工作）。1969年9月，初中一年级招收2个教学班，原有初一年级教学班升为初二年级教学班，校舍搬迁到东山营。办学经费由县教育部门下拨。

1971年，家朋乡人民政府根据人口的发展速度和小学毕业班的规模，向县人民政府申请要求另选址扩建校舍和增设高中部（东山营受地理位置的制约，既无法扩大规模，又缺乏运动场地，必须另选校址建校）。经县政府同意，乡村干部和学校负责人方社松，选定门前岩山脚下的大石桥（又名石巷口）新校址，兴建3间教室和7间宿舍。

三、区片定点完全中学阶段（1972—1982）

1972年春季，学校设高中部，当年原计划招生一个班56人，因家长强烈要求，实际招生72人。校址迁至大石桥，初中部仍在东山营。学校更名为绩溪县家朋中学（农村区片定点完全中学），高中学生来自家朋、胡家、荆州、和阳四个公社。同年5月，校革委会副主任方徽星（主持工作）、唐舟源任校革委会副主任。当年学校有1个高中班级，6个初中班级。至此，家朋中学成为全日制完全中学。

随着办学规模的扩大，学校配套用房和教室、操场兴建迫在眉睫。1973年，家朋公社革命委员会家革字（73）第023号，向县革委会生产指挥组呈报“关于转报家朋中学革委会‘关于请拨基建校舍、操场土地资金的报告’的报告”，拟占用水田5.97亩（其中家朋大队第四队3.24亩，第五队2.73亩），菜地2.32亩（家朋十五队）。申请一次性审批下拨经费。其中包括补偿5.95亩水田费用，三年共约1500元。

我们应当永远记住那些为家朋中学奠基工作做出默默奉献的乡村干部；永远记住家朋大队第四队、第五队、十五队做出无私奉献的那些村民们；永远记住那些在艰苦岁月像蜡烛那样燃烧自己、照亮学子的教育工作者。

1973—1974年，学校先后兴建7间教室、10间教师宿舍，初中学生从东山营全部迁入大石桥新校舍。初中部每年招收2个班，高中部1972—1976年，每年招收1个班（学制2年）。1977—1981年，初中部每年招收两个班（学制改为三年），改为秋季招生。

随着学生人数的增多，教师人数也相应增加。1970—1981年，每年都有大专院校毕业生分配进校或从外地调入教师，各年级各学科教师逐步配套。

学校的教学和师生的生活设施也不断完善。1975年以后，学校相继兴建了6间教室、10间教师宿舍，扩建了食堂、饭厅、操场等设施，并增添了部分教学设备和教学仪器，基本满足了师生教学、生活的需要。

1978至1991年，学校先后经历了唐舟源、高广铨、许宗明、程日定四位专职副校长（主持工作）。历任校长都很重视教育教学质量的提升。1972—1982年，共招收高中生9届13个班级，约900人。

家朋中学高中部开办10年，解决了边远山区群众子女入学难问题，村民助学热情很高。恢复高考制度以后，教师的教学积极性、学生学习主动性空前高涨，取得了骄人的教学成绩。当时教师立下誓言："山窑里就是要烧出青砖绿瓦来！"（意即要培养出优秀人才）1980年被录取的大学本科、专科学生27名；1980—1982年高考，家朋中学历史学科成绩连续三年获全县第一名。在为数不多的高中毕业生中出现了"博士群体"（见本书附录6），据不完全统计有十几人。

1982年8月，全县学校布局调整，高中停止招生。在校高中生毕业后，高中部停办，学校保留完中体制。

四、单设初中阶段（1982—2010）

1982年秋季，家朋中学改为单设初中，校名不变。程日定任副校长（主持工作）。同年建立实验中心（面向胡家初中、荆州初中、和阳初中），学校配备1名实验教师。当年，和阳初中第一次整体并入家朋中学。

1984年中考，家朋中学历史学科总评成绩获全县19所初中第二名；全县中学生历史知识竞赛，家朋中学获一等奖。

1985年8月，组织任命周明助同志为家朋中学副校长（主持工作），程日定改任顾问。学校食堂原来用柴火灶，成本高。周明助校长上任后，为提高办学效益，将柴火灶改成煤炭灶，在没有用煤指标的情况下，一方面向兄弟学校（胡家初中、伏岭中学）借用煤指标，另一方面向上级有关部门争取计划用煤指标。1986年从根本上解决了食堂燃料问题。

1987年5月开始，首次进行教师系列职务评聘。学校评出中学高级教师程日定，中级教师4人，初级教师24人，助理会计师1人。

1987年春夏之交，学校在南北向并列两排教室之间增建四间钢筋水泥平顶教师办公套房，形成了校门状。

改制后的初中教育教学质量逐年稳步提升，1988年中考在全县19所初中里，数学学科成绩获第二名，物理获第六名，语文获第七名。1989年章龙杰同学获全国数学竞赛三等奖。

1989年5月，张玉木任家朋中学副校长（主持工作）。当时校园位于十字路口，东西南北向四条路经过校园，影响学生正常的学习秩序。张玉木校长上任后，重视校园环境建设，封闭了北向通往方家村的出口和东向通往苦竹街村的出口（苦竹街村学生入校园须走直道绕，从西校门入校园，少数村民以此为借口，毁坏东向围墙）。在县乡政府的支持下，在校园外建设苦竹街村灰灶至涧溪（又叫荆坎）河边，宽2.5米的直道通往家朋村，并在河边建成4米宽6米长的2孔石拱桥。同时，建成校园西大门。

1991年7月2日，家朋乡暴发了百年未遇的洪灾，家朋中学学校食堂和男女学生宿舍被冲毁；师生的生活设施和学校内部管理质量亟需改善和提升。同年8月9日，绩溪县教委任命洪新民为家朋中学校长。洪新民先在开学前做好重建工作，维修校舍，又在校园内钻井，安装自来水，改写了学校食堂在小河里挑饮用水的历史。

开学初，学校召开“弘扬抗洪救灾精神，立志发奋学习”主题校会，建章立制，整饬校风，优化教育氛围。学校按照国家标准改造理化实验中心，实验室占地面积250平方米，实验室仪器设备达到2类标准；在美学家郭因先生和安徽省新华书店原经理方太雷的大力支持下，学校改建图书馆，充实图书资料。同时，加强校园的绿化、美化建设。

洪新民校长倡议周边学校开展教育教学研究，提升教育教学质量，得到伏岭中学校长胡诚安、胡家初中校长方灶泽、和阳初中校长汪天宝的积极响应。1991年12月10日，家朋、伏岭、胡家、和阳四所中学校长召开联席会，会议决定在家朋中学成立“绩溪县教育教学第一协作区”。会议决定：教育教学研究协作区组长采取学校轮值制，由四校校长轮流担任组长，开展区片有针对性的教学研究。

家朋村至苦竹街村原人行道路，经过家朋中学校园内，影响正常的教学秩序。1989年，乡教委在家朋乡党委和家朋村党支部的支持下，征用许庆和许灶祥等户农田，将苦竹街村经过学校的羊肠道路封闭，改成从苦竹街灰灶至涧溪河的直线机耕道。1992年12月，时任家朋乡长周家涛、家朋村党支部书记许安民带领家朋村四十多位党员，封堵了校园缺口道路，行人改走校园外的机耕道。至此，校园有了一个安全稳定的教育教学环境。

1993年9月，周铁林任校长。学校狠抓教学质量，成绩逐年提升，1995、1998、和1999三年尤为突出。同时为了适应调整布局，满足教学需求，学校

1992 年家朋村党支部全体党员封闭校园围墙缺口合影

建成一幢建筑面积900平方米的教学楼。2000年7月，和阳初级中学再次整体并入家朋中学。同年9月，汪平毅任校长。学校又建成了1200平方米的综合楼，并开通了磡头村至学校的机动车道路。

2004年4月，许青山调任校长。学校进一步更新观念，积极推进新一轮课程改革，努力提升教育教学质量。学校还修建篮球场的外围，兴建三条跑道，加砌路侧石，规范田径运动设施；在升旗台的两边，分别设置花坛；添置阶梯教室桌椅，设置校园橱窗宣传栏，全力营造育人环境。许青山亲历亲为，几易其稿，参与编写《绩溪县教育志》家朋中学部分内容。

2005年8月，程文格任家朋中学校长。他进一步改善办学条件，在县教体局的大力支持下，先后兴建了400平方米多功能室、240平方米师生餐厅、1150平方米的三层学生宿舍楼；给物理、化学、生物、科学实验室增添仪器设备，提高标准。教育教学质量稳步提高，2010年中考成绩综合评价位列全县第四名；因学校管理卓有成效，2010年9月，程文格被评为宣城市第二届中小学优秀校长。

五、家朋学校阶段（2010—现在）

随着我国推进城市化，农村人口向城镇流动，城镇人口向大中城市流动，生源不足成为新的农村办学问题。

2010年7月12日，绩溪县教育体育局绩教（2010）34号文《关于将家朋中学与家朋中心小学合并建立九年一贯制家朋学校的报告》，报请绩溪县人民政府及时作出调整。2010年8月，绩溪县人民政府批准成立家朋学校。

汪贤有任家朋学校校长；舒建民、洪家奋为副校长；教导主任张建东，副主任周孝华；总务主任周诚惠；校办室主任李友明。

家朋学校开学初，设有9个年级，每个年级一个教学班。学生总数186人，其中1～6年级125人，7～9年级61人。教职工48人，其中小学28人，中学20人（含工友3人）。在岗专任教师34人。

学校面临的新问题是中小学管理人员的整合、中小学教育教学资源的整合、社会资源的整合。校长抓好领导班子建设，凝心聚力，用人不疑，大胆使用年轻干部，干部在职责上分，在目标上合。师资不分中小学，适才适用。盘活资产，发挥最大效益。根据教育社会化的特点，聘请“五老”校外辅导员作专场报告。有条不紊地完成了中小学衔接工作，学校工作很快步入新的轨道。

2013年8月，绩溪县教育体育局任命程文格为家朋学校校长。他首先把提高教育教学质量摆在工作首位。尽管生源较少，但每年都有学生考入省示范高中绩溪中学。再是先后建成塑胶运动场、悬浮篮球场等；开展兴趣小组活动，成效显著，学生参加绩溪县中小学生第一届、第二届足球进校园比赛，女子组获得冠、亚军的好成绩。最后利用当地红色文化资源——许家朋纪念碑，开展学生国防教育、革命理想教育和良好行为习惯养成教育，“扬英雄精神，养浩然正气”，学生综合素质大大提高。2018年、2023年两次被

家朋学校鸟瞰　周斯跃／摄

教育部、中央军委表彰为国防教育示范学校、特色学校。学校先后被命名为宣城市卫生学校、宣城市平安校园、绩溪县文明单位。

2020年9月开学，家朋学校初中在校生21人（七年级3人、八年级10人、九年级8人），小学在校生48人，幼儿园45人。由于外出务工人员的不断增加，城镇化进程速度加快，农村学校生源梯级式逐年减少，各行政村教学点全部撤除，初中办学难以为继。

2021年8月，绩溪县教育体育局向绩溪县人民政府呈报整合县域内教育资源，科学合理布局规划，推进义务教育均衡发展。县政府常务会议决定：家朋学校初中部、板桥学校初中部、金沙学校初中部、伏岭中学初中部、扬溪中学初中部停止招生；初中生到县城初中就读；保留小学部和幼儿园。同年9月，家朋学校停止七年级招生，引导八年级3名学生到城区学校就读。初中部九年级实际在校学生9人，至2022年毕业，家朋初中部完成使命。

编写组成员：程银海　许宗明　周明助　张玉木　洪新民
　　　　　　许青山　程文格　汪贤有

文 稿 整 理：洪新民　许青山

2023年9月10日

难忘的祠堂学校

——家朋中心小学

家朋中心小学的前身是私立日新国民学校，从创办到2010年8月，一直以磡头村许氏祠堂为校舍。近百年来，学校坚持教育与乡情、村情相结合，坚持教育与生产劳动相结合，以提高村民素质为根本宗旨，培养出一大批有理想、有道德、有文化、廉洁自律的建设者和接班人，也为一代又一代磡头骄子走出家朋，走向世界奠定了厚实的基础。许氏宗祠功不可没。

许氏宗祠，自1556年重建，数百年来，一直是许氏宗族崇祖敬宗、议事执法、励学励德、娱人娱神等族务的场所。随着宗族社会的没落，宗族管理的衰败，祠堂失去昔日的功能。1919年祠堂开始发挥新的作用，以许威为代表的磡头一批新文化人，整合磡头村私塾，组建私立日新国民学校，借用许氏宗祠为校舍，开创了以祠堂为教室的先河。学校设1～4年级，许威任校长，教师3人，学生56人。翌年，因族中长者阻扰，学校停办。

1923年，十五都都董许松馥，再次借用许氏宗祠创办私立云川小学，后因经费困难停办。

1928年，许家振上海大厦大学本科毕业，会同省立二师毕业生许家宝、许家斌等人回乡开办云川初级小学，受到家乡父老的大力支持，校址仍借许氏祠堂，许松馥为名誉校长。自编教材，采用新的教学方法办学。好景不长，族中长者坚持恢复祠堂初始功能，两年后，因校舍纠纷再次被迫停办。

1935年，国民政府批准成立绩溪县立云川小学，学制6年，学校附设幼儿班，校址仍设在许氏宗祠。许家振任校长，不久因病辞职。许家斌接任校长一职，学校贯彻陶行知先生的平民教育思想，试行“小先生制”，坚持

“教、学、做”合一。许家斌与夫人共同创作《云川小学校歌》，宣传抗日思想，进行爱国主义教育。他改变了私塾的迂腐教学理念，学校风气大为改观，秩序井然。当时，不仅本村学童可以接受教育，邻村、邻乡的孩子也纷纷来校就读，听泉楼用作远道借读学生的宿舍。

2023年9月15日，98岁的美学家郭因回忆：“我虚龄十二下半年（1937年9月）到虚龄十三上半年在云川中心学校读六年级，那时校长是周明尘，他兼教我们六年级的语文。并指导我们读梁启超的《饮冰室文集》、胡适的《胡适文存》、陈独秀的《独秀文存》等。那时学校里有一套《中华文库》，我利用课余时间看完。那套文库及我在霞水村初小学习时读过的《儿童文库》对我帮助很大，扩大了我的视野和知识面，也养成了我毕生手不释卷的读书习惯。我虚龄十五（1940）那年在云川小学当一、二年级的班主任并教他们的语文和算术。那时校长是尚村人高耀笙。”

1947年，周明尘任校长，聘请名师任教，学生发展到280多人，开设7个班，采用单式教学，学校管理有方，教学得法，声誉日隆。

1949年初，磡头建立乡、村人民政权。同年10月，磡头中心小学成立，周渤任校长。1958年秋季，学校更名为家朋小学。十年“文化大革命”期间，学制改为五年，实行春季招生，由贫下中农领导小组管理学校。1978年，改回秋季招生。葛金华任校长，小学毕业生升学考试成绩优秀，有5名学生考入县、地区重点中学。

1981年，胡德泽任校长，小学篮球队女队获省赛第三名，扫盲工作为省先进单位。1990年程灶桃任校长，建立健全各项规章制度，加强领导班子和教师队伍建设。

1992年，程步青任校长。学校创办校内刊物《教育教学情况交流》和《听泉》、小记者报、教学开放日活动，不仅展示了教育教学成果，接受社会、家长和村民的监督，而且有力地推动了教育教学改革，促进了教育教学质量的提升。

学校努力改善办学条件，不断深化学校管理体制改革。积极开展教研活动。1993年参加全省数学奥林匹克竞赛获宣城地区团体冠军。1995年12月，全县第八次复式教学研讨会在家朋中心小学召开，观摩单班多层次教学和异科搭配复式教学。1996年夏，将祠堂后进的土木结构教学楼（1970年村贫管组义务建筑）拆除重建，1997年8月，6个教室的三层教学楼交付使用。1996年下半年家朋中心小学被绩溪县教育委员会评为“农村示范小学”。1997年县文明委授予家朋中心小学县级“文明单位”称号。

1998年，家朋中心小学创办全县第一个春蕾女童班，教育局副局长汪建斌任名誉班主任。2000年，县级课题《减负与活动课程研究》通过验收获县二等奖。学校重视素质教育，家朋中心小学腰鼓队、午间万花筒、乒乓球男女队在绩溪享有盛誉。

1998至2004年，家朋中心小学党支部连续4届被县委评为“先进基层党组织”。

1999至2000年学校自筹资金，征用农民自留地，在新建教学楼的东侧，又扩建一个教室和一个实验室及男女厕所及浴室。2001年，胡家乡撤并，原尚村小学划归家朋中心小学管理。

2002年，家朋乡民办教师转为公办教师或民师退养，解决了历史遗留的民办教师问题。同时，辞退全部小学代课教师。

家朋中心小学重视素质教育，重视质量管理。2000年至2005年，学校连续被县教学研究室评为“教育教学管理先进学校”。

家朋乡持续数十年计划生育，导致学龄人口减少，为提高办学效益，从1998年始至2002年，将全乡原有的37个教学点全部撤并到家朋、和阳、霞水三所学校。

2003年至2004年，学校征用邻近农田兴建运动场地。组织教师做有关农民的思想工作，协商征用水田近三千平方米（每平方米征地费用仅25元）。学校组织施工，以县预算近40万元（不含征地费用），决算不到20万元（含征地费）的总价保质保量建成了有60米直跑道的大操场，走出了学校自1919年建校以来无运动场地的困境。

2005年5月6日，安徽省教育厅厅长陈贤忠、宣城市教育局局长杨邦孝到家朋中心小学调研，肯定了学校教育教学管理及素质教育各方面的做法。省教育厅赠送学校篮球架两座，图书四千余册，以资奖励。

2005年，县局拨款新建幼儿园包括附属用房，紧邻操场。

2006年8月，汪贤有担任家朋中心小学校长，先后在中心小学兴建了教学大楼、教师住宿楼、留守儿童（当时留守儿童150多人，全县同类学校人数最多）专用楼。霞水村、石门口村、水浪头村教学点兴建教学楼，设教学点。

2006年9月，幼儿园搬进新校舍成了独立幼儿园，彻底改变了多年来幼儿园一直租用其他单位房屋和民房的历史。

2010年7月，家朋中心小学设6个年级，小学在校学生数125人。在校学生数骤减的趋势不可逆转，办学效益不高，严重影响学校的生命力。

2010年8月，绩溪县人民政府及时作出调整，成立绩溪县家朋学校。家朋中心小学整体搬出许氏宗祠，许氏宗祠被列为安徽省文物保护单位，但是，借宗祠办学的育人举措将永远留在人们的记忆中！它作出的历史功绩将永远铭刻在家朋人民的心中！

编写人员：洪新民　程步青　汪贤有

文稿整理：洪新民

2023年9月10日

附：1958年绩溪县磡头村小学毕业证书

毕业証书

学生周明劲是安徽省绩溪县人現年拾弍岁在本校高级修业期滿成績合格准予毕业

此証

校长

1958年7月24日 磡字第60号

1958 年绩溪县磡头村小学毕业证书，时任校长耿焕龙

许家朋烈士纪念碑建碑记

许家朋烈士是中国人民志愿军特等功臣、一级英雄，朝鲜民主主义人民共和国英雄。看到中央电视台纪念抗美援朝胜利七十周年专题报道许家朋烈士事迹，我心潮澎湃，不禁想起建造许家朋烈士纪念碑的往事。

1973年是许家朋烈士牺牲二十周年，英雄所在的部队领导来看望烈士的父母，并向当时的家朋公社领导建议建造英雄纪念碑。公社革委会主任冯如佳主持会议，其研究接纳了建议后，即开始部署建造英雄纪念碑大事，笔者当年任家朋公社革委会副主任兼宣传委员，被安排具体分管统筹、策划实施这项工作。半个世纪之后的我已是耄耋之年，这段史实至今依然萦绕在我的心头。

先是动议、选址。1953年许家朋烈士牺牲后，当地政府帮助烈士的父母在土名水竹坞塘修建了许家朋烈士衣冠冢，规格与当地普通群众的坟墓差不多。1973年，公社革委会开始选址建造纪念碑，并请磡头著名匠人许家雄、许传成负责设计、施工。经反复勘察，最后选址在社屋山。

社屋山地处磡头村东郊，是一座小孤山，因古时山脚有社庙而得名。背靠门前岩，面向磡头村，四周是碧绿的田野，视野十分开阔。碑址选定后，初步规划在社屋山顶建造许家朋纪念碑。从北向山脊开辟直道至山顶广场，再下沿到南向山脚。整座山开成梯田，植树造林，建成烈士陵园。规划待以后条件具备，在正面山腰建许家朋纪念亭，山脚建许家朋纪念馆。

接着设计、施工。二十世纪七十年代初的家朋公社是偏僻山区，不通汽车，贫穷落后。要建造许家朋纪念碑，无论从设计施工、技术力量，到资金筹集都有很多困难。首先，遇到的第一个难题是设计。纪念碑是什么形状的、尺寸大小等都不清楚。后来，许家雄从自己收藏的一张“琼岛群英”的风景明信片中受到启发。我们几个人又专门出差到宁国县英雄岭烈士纪念碑实地考察绘制草图。许家雄熬了三个通宵，综合各种资料，设计出了纪念碑的平面图，获得公社革委会的批准。

1973年7月6日是许家朋牺牲20周年的日子，纪念碑建造工程在磡头村社屋山顶正式动工。施工队削平山头，辟出广场，用花岗岩条石浇筑混凝土，建成大小两层碑座，采用平常老百姓建房用的青砖砌碑身、碑帽。在当时十分简陋的条件下，许家雄等施工人员精益求精。经过两个多月的紧张施工，一座高10米、宽2米、厚1.2米的砖质许家朋烈士纪念碑高耸在磡头村东郊的社屋山顶上。碑体呈仿汉白玉面砖结构，正面长方形碑框中镶嵌着我县岭南著名书法家方指南先生手书“许家朋烈士永垂不朽”九个红色大字，背面是碑铭记。家朋公社自力更生建造的许家朋纪念碑，成为原徽州地区独一无二的烈士纪念碑。建成开放后，立即产生了轰动效应。家朋公社所在地中小学生和全县各地的学校、单位组织瞻仰许家朋纪念碑的队伍持续不断。浙江临安的岛石中学、我县伏岭中学的几百名师生野营拉练，长途跋涉慕名前来瞻仰、凭吊。全县掀起了“学英雄思想，走英雄道路”的热潮。为了更好宣传介绍许家朋的英雄事迹，公社编印了“英雄许家朋”宣传册5000册，分发瞻仰人员人手一册；成立接待站，解决外地来人的茶水、住宿问题，抽调回乡知青当英雄事迹讲解员。

然后重建、扩建。砖质结构的许家朋烈士纪念碑，经历两个严冬的冰霜雨雪后，碑体表层大块剥落。1975年下半年，家朋公社党委决定重建、扩建许家朋纪念碑和烈士陵园。碑身、碑帽全部改用花岗岩石料，由磡头村著名石匠许传成负责设计施工。我们到县文化馆找到一本刊登有天安门广场英雄纪念碑图片的《人民画报》，许传成仿照英雄纪念碑的图片重新设计。他和许金德等一班能工巧匠硬是用原始的手工凿石方法，从离社屋山两里多路的东边岩下“石矿”按不同规格开采出花岗岩石料，逐块编号后由人工肩抬上山，用原始的工具“铢铲”进行加工。从粗凿、中凿、细凿到搭架衬缝组装，每块石料的背面采用特制铁铆联结，构成碑身整体。许传成还从浙江临安租借来“葫芦吊”代替电动升降机起吊石料。施工人员就是在这样的困难条件下，自力更生，土法上马，克服了一个又一个困难，经过近半年的艰苦施工，完成了纪念碑重建工程。新建的许家朋纪念碑更加雄伟壮观，碑高从10米增至14米，碑座由两层增至三层，底层碑座四周护以18根花岗岩石荷花柱状栏杆，广场降低扩大到250平方米。正面碑文由原“许家朋烈士永垂不朽”改为“英雄许家朋永垂不朽”，背面雕刻：“中国人民志愿军特等功臣一级英雄朝鲜民主主义人民共和国英雄许家朋烈士纪念碑”，落款：绩溪县家朋公社革命委员会一九七三年七月六日立。扩建配套工程包括烈士生平简介石碑、正面从山脚到广场的100级石阶。“许家朋烈士生平简介”石碑碑文由我撰写，家朋中学教师葛金华用楷书书写，由石匠许金德雕刻在正碑背面，全文393字，以公社革委会名义署名。许家朋英雄纪念碑重建、扩建工程仅耗资8000多元，由当时的县民政局申报原徽州地区民政局给予拨款补助。

最后碑园建设。社屋山原为家朋大队第五生产队所有，山上有五队社员的自留地、开荒地。山脚是家朋三队的水田。公社要在社屋山建纪念碑的消息传出后，五队队长许日祥、副队长许传利等10多户社员主动让出了山上的自留地、开荒地。三队队长许桂炳还把沿山脚的一坵水田捐出建纪念碑碑园。在建设纪念碑碑园中，公社发动社直机关干部职工、家朋中学师生及社会各界人士开展义务劳动，到纪念碑山上开垦梯田，植树造林。经过扩建，县政府又相继从全县各地移入革命烈士衣冠冢，建立烈士陵园，并在陵园内建造了烈士纪念馆。

许家朋烈士陵园现在是省、市、县红色基因传承教育基地，省级现代重点文物保护单位，省级重点烈士纪念建筑物保护单位，是红色旅游景区。每年清明节、国家烈士纪念日和其他节假日，在许家朋烈士陵园进行党员再教育、瞻仰凭吊活动的人群川流不息，总人数已达几十万人次。许家朋壮烈的英雄行为，崇高的爱国主义、国际主义精神，教育和影响了一代又一代中华儿女。

（许梦华）

家朋水电站建站始末

1974年10月1日，磡头村热闹非凡，“来电了，来电了！”人们奔走相告，家朋水电站经过两年多时间的建设正式供电。磡头村结束了有史以来燃松筋、点煤油灯照明，用水碓碾米、磨面的日子。

磡头村地方偏僻，经济落后，村民祖祖辈辈日出而作，日落而息，眼看到了二十世纪七十年代，电力成为阻碍生产发展、生活改善的拦路虎。1972年，在“农业学大寨”浪潮中，村党支部、革委会听取民声，经过反复研究，下决心利用仙人庵河水建造一座水电站，并得到了公社党委、革委会和县水电局的支持。水电局派来工程师现场勘测，很快拿出施工方案和图纸。村党支部、革委会召集18个生产队队长开会，布置任务，按照各队人口、劳动力情况分摊施工任务和物资调配，并组建了由党团员、青壮年为骨干的“家朋民兵突击排”，专司打炮炸石壁。时任家朋公社党委书记冯如佳要求家朋村党支部书记王家统，革委会主任许家钱负责工程建设，副支书许大前

家朋水电站

负责发电设备、水管和高压线路架设，一定要发扬“愚公移山”精神，带领家朋村人民啃下这块硬骨头，打个翻身仗。

根据工程施工方案，要在仙人庵口土地庙对面的“酒葫芦”悬崖下面用炸药和钢钎修筑一条近800米的引水渠，建造一座拦河坝，凿出100多立方的蓄水池，通过85米高的水头势能发电，工程十分艰巨。当时大队没钱，雷管、炸药都是东拼西凑借钱购买，尤其是引水渠在河谷上方十几米的悬崖峭壁上通过，有一段陡峭近似90度，施工人员无立足之处，村民们戏称这是一条磡头的“红旗渠”。大队请苦竹街的砌塝名师汪为木专门负责砌水渠，没有水泥就用石灰拌红泥土浆砌。工程于1972年10月动工，“民兵突击排”的红旗每天飘扬在悬崖上，大队干部们带头坚守在工地上，负责保管雷管、炸药的许日新天天背着危险品进出，不敢有丝毫差错，石匠师许传成冒着生命危险安装泄水管，负责打炮眼、炸石头的突击排年轻人随时要小心躲避上方滚下来的石头……人们只有一个心愿：早日建成电站，早日通电。1974年2月中旬，安徽省水利厅领导孙敦训、工程师丁汝泉在原徽州地区水电局、县水电局领导的陪同下视察现场，了解工程进展情况，为家朋人民战天斗地的精神感动，当场指示徽州地区水电局先拨款2万元支持购买设备和

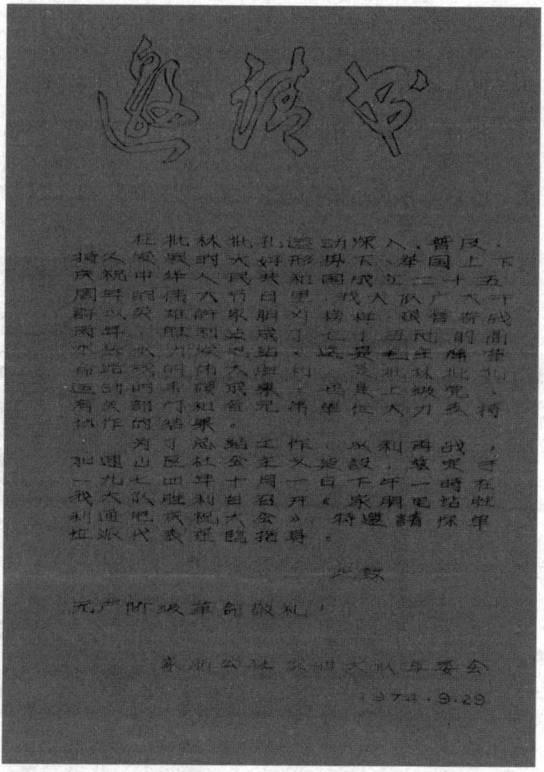
邀请书

在批林批孔运动深入、普及、持久发展的大好形势下，举国上下庆祝中华人民共和国成立二十五周年的伟大节日里，我大队广大干[illegible]两年，胜利建成了七十五瓩的[illegible]水力发电站。这是毛主席革命路线的伟大胜利，是批林批孔运动的丰硕成果，也是上级党、有关部门和各兄弟单位大力支持协作的结果。

为了总结工作，[illegible]，加速山区社会主义建设，兹定于一九七四年十月一日下午一时在我大队胜利台召开《家朋电站胜利通电庆祝大会》，特邀请你单位派代表莅临指导。

此致

无产阶级革命敬礼！

家朋公社家朋大队革委会

1974.9.29

高压线材。1974年夏天，在家朋水电站施工进入最后冲刺阶段时，徽州水电局派来水电工程师程应权指导电站设备安装、高压线路架设，并从各生产队挑选知识青年，参加“电工知识培训班”，为全村500多户村民接电线、安装电灯，做好通电准备工作。八九月份，中央新闻纪录电影制片厂派出摄制组，用镜头记录英雄故乡人民的事迹，于国庆二十五周年在中央台播出，轰动全国。

家朋水电站建设历时3个冬春，完成石方1.8万方，土建用工1800多工，发电机容量75千瓦，架设高压线路约3公里，低压线路12公里，总投资超过4万元。之后，村里又兴建了第二电站，彻底解决了用电难题。这项划时代工程给家朋村2000多村民送来了光明，永载史册。

（许大前）

绩溪中学曾有个“许家朋班”

抗美援朝志愿军入朝作战七十周年到来前，2019年8月12日《人民日报》以《舍生忘死，冲锋在前》为题登载了许家朋烈士的英雄事迹。在南京解放军理工大学退休的老同学章熙波看到这一报道时，内心非常激动，打电话给我，说他近期要回绩溪，到许家朋烈士纪念碑前祭拜和瞻仰。十月底，他回到绩溪。我们一起再次缓缓步入那翠柏青松环绕、庄严肃穆的烈士陵园。首先映入眼帘的是那镌刻着“英雄许家朋永垂不朽”的高大纪念碑，气势恢弘，雄伟壮观。抬头仰望，我心潮澎湃，久久不能平静。我仿佛看到当年许家朋在中国人民志愿军的行列中，雄赳赳、气昂昂地跨过鸭绿江大桥，奔赴抗美援朝前线的壮烈场景；我仿佛听到在朝鲜石岘洞北山反击战前，许家朋在大战动员会上，向党支部递交决心书，“接受这次战斗考验，像黄继光那样勇敢地消灭敌人！”的气壮山河誓言；我仿佛看到许家朋在敌人暗堡机枪疯狂扫射阻挡大部队前进的关键时刻，勇敢地抱起炸药包冒着枪林弹雨冲向暗堡，在两腿受伤、炸药受潮的极端困难情况下，他毅然扑向敌人暗堡的射击孔，用胸膛紧紧抵住敌人的机枪口，以自己的生命为大部队开辟了反击敌人的道路。这是英勇顽强舍生忘死的革命英雄主义精神。我们为有这样的英雄感到光荣和自豪。这座纪念碑就是一座革命英雄主义的精神丰碑。我们怀着无比崇敬的心情祭扫瞻仰纪念碑和烈士陵墓。六十多年前，恰逢同学少年时，我们曾经怀着悲痛和敬仰的心情参加许家朋烈士追悼大会，各种祭奠活动的情景还历历在目。

当年，许家朋惊天地、泣鬼神的英勇献身事迹传来，所有绩溪人为之震撼和悲痛。1954年2月14日，绩溪县各界代表一千余人在县体育场胜利台前举行隆重的追悼大会。胜利台上方悬挂“绩溪县各界隆重悼念许家朋烈士大会”横幅，正中央挂着许家朋昂首挺胸的侧面遗像，台两边贴着“浴血铸英魂，功勋人长碑”条幅，台上两旁挂满了各机关团体、有关人员送的挽联。整个会场气氛庄严、肃穆。大会开始先向许家朋烈士遗像默哀三分钟，接着县领导致悼词，他叙述了许家朋的英勇事迹，号召全县人民化悲痛为力量，向许家朋英雄学习，学习他革命英雄主义精神，加紧生产，努力工作。

我们当时是六年级的小学生，第一次参加这种形式的大会，幼小的心灵受到了激励和冲击，内心深处默默地响着一句话“做人要做许家朋这样的人，关键时刻为祖国和人民牺牲一切”。之后，我们都进入绩溪中学初一学习。记得当年志愿军许家朋所在团团长何洩带队来英雄故乡绩溪县慰问，期间，绩中领导还请他们到学校作报告，部队还向学校赠送一面大锦旗。我们深受教育和鼓舞。绩中领导为了在全校进行革命传统教育，掀起向英雄许家朋学习的新高潮，为此召开动员大会，宣布在全校班级开展争当“许家朋班”的活动，并规定了内容、要求、条件和时间。这样，一个要求进步、学习刻苦、热爱劳动、坚持体育锻炼、团结互助的氛围形成了，争当三好学生，争创“许家朋班”的热潮在绩中校园兴起，蔚然成风。经过一年多的考察、评比，结果是初三丙班在全校德智体评比中名列第一，被正式命名为“许家朋班”。召开校会那天，班长章熙波代表初三丙班上台领取“许家朋班”锦旗。1957年7月12日，绩中领导、班主任、任课老师与他们合影留念。这在章熙波的脑海中留下了深刻的红色记忆。

我们一面重温这段红色教育记忆，一面交流感想，觉得在感情上受到了激烈的震撼，思想上得到又一次升华。我们深感今天的和平和幸福生活来之不易，它是许家朋和无数革命先烈用生命换来的。我们要珍惜这一切，要一代接一代学习革命先辈的英勇斗争精神，继承革命先辈的优良传统，一往无前，为中华民族伟大复兴努力奋斗。

（章洪铎）

绿色产业富家乡

家朋乡从历史上就被称为“穷乡僻壤”，是全县较为贫困的乡镇之一。这里田地少，且土壤瘠薄，产量很低。虽然山场较多，但物产稀少。全乡土地总面积12万余亩，其中有林地面积10万余亩。路在哪里？家朋乡几届乡政府经过多次调研，并走出去学习取经，最终把目光盯在经济林发展上。

胡爱红／摄

家朋乡与相邻的浙江临安同在天目山脉，临安的山核桃经济给了我们很大的启发。2002年以前，各村仅有少数核桃树，没有大面积规模种植。2002至2006年，我乡与全县其他乡镇一样实施退耕还林，全乡抓住这一契机，完成造林3296亩，除小面积的元竹林外，大部分均种植山核桃林，目前达到5万亩，一跃成为全乡的“绿色银行”。最近几年全乡山核桃干子产量平均在1400吨至1600吨左右，产值超过一亿元，是村民主要收入来源之一,一些大户年收入突破20万元。

在山核桃经济发展中，除了部分因立地条件、化肥农药施用不当导致一些树木枯死外，大部分已进入盛果期。2013年至2014年，全省又开展了千万亩森林增长工程，全乡的山核桃产业进入了大发展阶段。

近20年来，山核桃价格一直不错，且行情相对稳定。不过，因过量使用化肥和农药，加之为了降低劳动强度和节约生产成本，大量使用化学除草剂除草，导致土壤板结、水土流失严重、土壤肥力下降，影响山核桃树体长势，山核桃树大量死亡，进而山核桃产量下滑。2000年，绩溪县委县政府针对这种情况，及时研究、作出在全县山核桃林地中进行生态化治理的重大部署，制定出台了山核桃林地治理“八个一律”。家朋乡党委、乡政府分批于2020年至2023年四个年度完成山核桃林地生态化治理退化修复2800亩，共套种油茶苗85000余株，香榧苗18000余株；另又积极争取到山核桃林地省级林业示范区项目，项目规模5130亩，分油茶套种区、割抚区、挂网采摘区、林下种植区等四个区，山核桃林下套种油茶20万株、前胡5000亩，不仅改善了立地条件，保持了土壤，而且极大地提高了经济效益（其中仅前胡一项就增加收入1500万元）。

家朋乡现有山核桃种植专业合作社5家，经营管理面积5000余亩，间接辐射面积35000余亩；品牌有徽河、纪世山宝、五谷塔等，年产值占全乡总产值的70%以上。

走进家朋乡，漫山遍野的山核桃林赏心悦目。夏日里绿树成荫，硕果累累；秋冬时节，黄叶如浪，景色迷人。随着旅游业的兴旺，每到周末、节假日，游人如织，山乡美景令人如痴如醉。

（邵建扬　洪丽红）

磡头商业探秘

磡头，是绩溪东部的一个乡村，人口2343人，耕地1342亩。论环境，远离县城43公里；论资源，没有可供开采的矿藏；论交通，没有河港国道，没有铁路机场；论外援，较少有侨眷外资的支援。

就是这样一个多年封闭、老少边穷的革命老区，改革开放以来，商业繁茂，创造了一个又一个奇迹。

1995年磡头私营商业网点发展到100多家，年成交额6500万元，完成税利100多万元，进入绩溪县10大市场前5名。该镇附近的荆州、和阳、胡家等乡镇都在此批发进货，他们赞叹："凡需要的东西，磡头都有；凡有的东西，磡头都物美价廉。"

磡头不仅叫响了绩溪，而且声名远扬。去年春节前，浙江省临安县仁里乡的农民不惜翻山越岭10多公里到磡头购买年货和手工艺品，县城里的一些小贩也慕名而来，连一向走村串户专门推销布料的安庆人也在磡头租门面开办布店。

自然环境的封闭与磡头创造出来的不凡业绩形成巨大的反差。磡头是如何发展起来的呢?

磡头隶属绩溪县家朋乡，重商好学之风古来有之，曾出过不少著名徽商。如今，磡头人多地少，艰苦的生存环境，逼着磡头人走上经商之路。二十世纪八十年代初期，政策一放开，该村许传强创办了第一家私营商店——"光明商店"，自家添置三轮卡车，专门至宣城、芜湖等专业市场进货，率先在磡头挂出了批发的招牌，一些精明的人也步其后尘，各显其能，到1987年已经开办私营商店80多家，构成了磡头商业市场的框架。此后，家朋乡政府对其进行了具有深远意义的改革。

一是为一些经营户扩大规模创造条件，提高该市场经营集约化程度。近两年来，引导一批有经营能力、资本比较雄厚、市场信誉较高的老商户自愿组合起来，以股份制形式联合经营。如个体户许利民、许葛飞、许建锋等集资合股，到大中城市的专业市场、生产厂家直接进货，减少了中间环节，省却了许多费用，质量又有保证，生意愈加红火，每户年经营额在60万元以上。

二是引进名、优、特商品，推动市场商品上档次。宁国的“海螺”牌水泥、休宁的“五星”牌啤酒等在磡头都有直销点、代理商。

三是规范服务体系。政府有意将铁匠铺、理发店、修车行等服务行业引入市场，为市场配套服务。

漫步磡头水街，店挨着店、摊连着摊，商品琳琅满目，人流熙熙攘攘，无不令人强烈地感到：磡头，劲吹着浓厚的商业之风。

（周明助，发表于1996年5月11日《皖东南日报》）

第六篇

磡头人物

一、早期创业先辈

许泰来 （生卒年不详）字必明，号涧溪，云川许氏二十一世处士明义子，涧洲许氏开宗始祖。原居绩东云川桥杏梅园（今霞水村），明洪武二年（1369），公越岭做工（铁匠）到汪丛园村（磡头原址村落），登高远眺，见四面群山，一泓秋水，云霞出没，景物宜人，于是定居下来。见田地袤广，种者寥寥，公不惮勤劳，勉为开垦，凡耕耘树艺之事有关实业者，无不精究。

公身材魁梧，充满睿智，又肯于勤劳吃苦，被竹里村周公看中，遂嫁女儿关奴于他。关奴贤惠，但久未生育，公继娶妻妹元奴。未几年连生四子：景潜、景滢、周童、周福。周童传一代、周福传七代，今涧洲许氏均为景潜、景滢后裔，分为上下门。

章义体 （1412—147?）磡头许氏宗祠门前的节妇坊建于明世宗嘉靖十六年（1537），旌表的是一位伟大女性——章义体。

明永乐十年（1412），章氏出生于油坑口村（今瀛洲镇瀛洲村）大户人家，17岁时嫁给磡头许氏四世祖许杰为妻。

《校公派世系图稿》（手抄本）记载："宣德四年（1429），杰公仙游，章氏守二岁之子本玉，单传三代。"章氏悲痛欲绝，遂决心抚孤守志。

章氏遵从祖训，恪守门风，教子诗书，谦恭待人，"孝事舅姑，里无间言"。邻里、族人无不赞美其贤惠淑娴。

章氏教子有方。其子本玉事迹载入明《志》史册。《绩溪县志》(嘉庆版)人物志记载:“许本立,磡头人,事母孝,平居,无疾言遽色,性喜赈贷穷乏,邑中桥梁路多所修建。(明《志》‘立’作‘玉’)。”

明宪宗成化九年(1473),许本玉喜得贵子许金,章氏更是百般呵护孙子,教之遵祖训、守族规及其他做人道理,对许金一生影响巨大。《绩溪县志》(嘉庆版)载:“许金,磡头人,奏表祖母节行,建祠捐田以奉先祀,立义塾以训族姓,修桥赈贫。都御史胡宗明行状其事。”皇帝下诏,恩准建“节妇坊”,旌表故民章氏。族人商议,章氏敬老守正,抚幼行善,家风整肃,堪为楷模,将节妇坊立于许氏宗祠前,让族裔学习其优秀的道德品质,世世代代敬仰其高尚的精神。

许 金 (1473—1551)字廷坚,号涧洲,涧洲许氏六世祖。以子贵,赠金紫光禄大夫。时为绩溪著名的徽商巨贾,一生积德行善,仗义急公,德垂奕世。

许金善经商,富而好施,凡有善举,无不量力承担。江苏省连岁大旱,饿殍载道。许金造浮田十顷于太湖畔作为“义田”,供当地灾民免租耕种,活灾黎数万;出巨资在阳戈溪与汪家店之间开通五里长圳,既解灌溉之急,又解行路之难;晚年倾家之财扩建许氏宗祠,建造节妇坊、阳川桥(即祠堂桥,又名涧洲桥)……善事多端,不可枚举。

许金重视子女教育,建涧洲书楼为义塾,收留落泊秀才殷燦教学,免费招戚族子弟读书。“屏山故穷家子,幼随父告贷于公”,故龙川村胡少保屏山称许金为义父，许金供其食宿、义读，“周济其家，以养以教至于成名”。其后殷爔为内翰，胡少保为太子少保。而许金淡泊自若，不以门第夸耀。

许时润 （1512—1597）字伯雨，号云川，涧洲许氏七世祖。许时润年少颖异，博学多闻，由太学生累官至“广西都司正断事”。

许时润主政广西时，正值奸臣严嵩当道，力排异己，朝中官员多有阿谄者，许时润却清节自持，刚直敢言，不避权贵，理冤狱，革弊政，享有“铁面都司”之誉。履职三十年，廉洁奉公，所得俸禄，多有接济族中贫困者。

许时润晚年解职回乡，上念其功德，下旨赐造居第。许时润建怀恩堂，七檐门楼，东西建钟鼓楼，门前辟月池（伯雨洗砚池）。后人改作“时润公祠”。时任钦差提督两广军务兼理训抚兵部侍郎兼都察院右佥都御史谈恺，书“赞理戎政”四字石匾，镶于门楼上，成为村中一景。

其父许金在世时倡建许氏宗祠，奈心愿未了身先去。许时泾、许时润四兄弟秉承父志，取父所遗积蓄，聚同宗之力，重建宗祠。许时润独于村内涧洲河上建“聚顺、三德、永安”三桥，并于石门外建“石街桥”。

许时润功德无量，皇恩敕建“百粤司平坊”，以旌其德。此坊1991年水毁，2021年修复。

许时泾 （1544—1635）涧洲许氏七世祖时泾公，字波清，号秀桥，一名文芳，六世祖镒公的长子。

他天性质朴，守正不阿，与人交往讲究诚信，一诺千金，从不失信。时泾公德才兼备，却不追求荣华富贵，甘心隐居不出仕，平日里过着耕读的生活。他性情平和，通情达理，无论做什么事，都符合道义。如果遇到乡里有公事需要他帮忙，他必定秉公办理，直至将事办妥。他曾在万历己卯（1579）协助县里丈量土地，还被推举为十五都的公正绅士。

不仅时泾公的品行一直为乡人所称道，他的家庭讲信修睦和气致祥也是远近闻名的，这归功于身为长兄的时泾公率先垂范。时泾公有三个弟弟：时渼公、时湳公、时汧公，或耕读或从商，各得其所。兄弟四人笃爱和睦，感情深厚。时泾公家产盈实，但是他对穿着饮食的要求很低，勤俭持家，颇有大禹遗风。他还经常教育后代节俭，切勿骄奢。孺人汪氏和高氏，也深受他影响，严格遵守勤俭家规，精于女红，操持家务，井井有条，大家都称她们为贤内助。勤俭，让人生的基石扎得更牢固；勤俭，能让家族的历史更加辉煌。

时泾公有一子名柏，弟弟们有七个儿子，时泾公统领一大家几十口人，家人都遵从他的管理。他担心家人的心不齐，就亲手书写一副对联挂在堂屋两根楹柱上，内容是："孝悌友恭，治家要务；理义廉耻，持己良箴。"他还经常用楹联内容来教育训诫家人。耳濡目染了父辈们的身体力行，时泾公的子侄们秉承家风，从小就树立正确的人生观、价值观。

当湳公的儿子槐将要出任于潜县宰之际，临行前，时泾公谆谆教诲侄儿："你一直秉持公正，谨本详始。现在去赴任，应当把这些写成座右铭，经常勉励自己。"之后，又于绩溪县城北门外购置一块基地，建造屋舍，作为许氏后人进城考试时的住处。

时泾公年逾九十，仍不忍心提及分家的话题。当他不幸染上恶疾后，才召集所有家人，对他们说："我现在年纪太大，而且重病在身，再也无力管理家政。我现在将产业均分给你们，希望你们各自勤勉持家，更不要失去兄弟之间的友爱之情。"析产之后不到两个月，时泾公仙逝，享年九十二岁。

古人认为家风纯正，雨润万物。勤俭持家、和睦相处使许氏家族人丁兴旺，福气绵延，俊杰辈出。修身、齐家、治国，每个人的追求不同，但无论身处何方，家风都是一代人的精神支柱。好的家教家风，是一个家族、一个家庭最宝贵的资产。

许　栋（1537—1599）一名福，字元吉，洞洲（现家朋村）许氏八世祖，嗣许时溥。许时溥例授礼部儒士。许栋生父许时清，诰授奉政大夫。许时溥、许时清分别是许金长子和三子。许金“富著当时，德垂奕世”。许栋生父独资建寿山庵桥，父辈们重建许氏宗祠，家族美名远播，许栋从小受到良好的家风家教薰陶。

当时，磡头村是十五都的中心村，里胡村（现伏岭镇）是十五都辖地，从临溪水陆码头经伏岭，去浙江昌化、宁国的古道必从胡村的清潭河上经过，这里地理位置十分显要。桐坑源河水直冲胡村村北象山石山脚，河水受阻形成回流，南有狮子山石山脚，两山对峙，形成峡谷（是绩溪县著名自然景点“狮象锁河口”，胡村人称“狮象锁水口”），山谷狭窄，潭深水急。胡村人常在这里搭木板桥方便行人，遇大水桥毁路阻，路人只能望水兴叹。水位稍降，胆大者冒险从下游河宽处涉水，屡有溺亡悲剧发生。行人怨声载道，又无可奈何。上、下邻村村民多次想修石桥，都因耗资巨大而不了了之。

许栋久闻胡村“狮象锁水口”交通不便，常怀施善之心，天命之年毅然担起造桥重任，遂倾家所积，组织磡头石匠艺人设计，独资建成青石架构清潭石拱桥，取名“清潭桥”。一时名声大振，美名远播，十里滩回，皆尊称许栋为“潭桥公”。其事迹载入《洞洲许氏宗谱》及《绩溪县志》。据乾隆版绩溪县志记载，“清潭桥在十五都，里人许栋建”，“桥长20米，孔径12米，面宽8米，高10米”。北接龙岱山（山如象形又称象山），南接胡村石印山脚真武庙（此山形如狮子又称狮山，乃胡村水口“狮象把门”）。

许会昌（17？？—18？？）一名锡龄，字果园，一字唐元，号鹤汀，别号六桥。洞洲许氏十七世祖，乾隆乙卯科举人。任镇江溧阳县教授。

许会昌五岁受庭训，九岁能诗文，年十三应童子试，乾隆乙卯（1795）

乡试顺天，得中经魁。房师评其卷曰：“经术别于捃摭，史册任其包罗，岂异体之峰生，必殊相而逸发。根底既厚，吐纳自深，固已洞性灵之奥区，极文章之骨髓矣。经义贯穿六籍，凌厉百家，有腾天跃渊之势；策对纤经连白，掣三牵两具冠伦。”迨两兼之榜发，知为新安懋学。宦游入都，与农部吴馨严、参左程芑堂、明府万廉山、太史吴倩生、侍郎杨小泽诸君友善，游览赠答，饮酒赋诗。复出都南，旋承乏溧阳教授。授业者济济盈庭，一时文风大振，名儒硕彦多出其门。

许鸿允　（1825—1861）字伯孚，号溪琴。“貌庄伟，性刚直，少即任侠好义。”

《涧洲许氏宗谱》记载：清咸丰年间，“洪杨乱起，蹂躏遍江南，所至官军披靡，风声鹤唳，草木皆惊。公独镇静自若，全无惧色。或劝以从戎，公曰：‘四海之内，莫非王土，莫非王民。我为国家一份子，能杀一贼，即为国家除一害。寇至，我能御之，便为义士。何必从戎幸功以图名乎？’”

不久，洪杨乱军蜂拥进村，磡头村民纷纷逃进门前岩下的山湾里躲避，以石岩为卡阻击乱军。许鸿允也带着家眷到了石岩隘口上，他召集年轻力壮有胆气的村民上百人，轮流守卡，商量对策，抵御入侵之敌。乱军数百人，逼近山岩，连环进攻二十七昼夜。每战，许鸿允都奋勇争先，坚守在一线。时间一长，守关卡的不少人开始胆怯，形势十分危险。有人就劝许鸿允撤退。许鸿允说：“国家都要灭亡了，我能躲到哪里去？况且我们身强力壮的能走，那些老弱病残的乡亲怎么办呢？”许鸿允坚守不走。咸丰辛酉年（1861）七月十七日，终因精疲力竭，许鸿允牺牲在卡口上。

洪杨乱军在磡头村驻扎三年之久，烧杀抢掠，无恶不作，给磡头人造成了难以抹平的创伤。许鸿允用生命守护村民，唤起了全村人的同仇敌忾。他是“涧洲许氏，忠烈世家”的传承者，是村民们心中的英雄。

许沛苍（1838—1911）字积丰，涧洲出名的慈善家。祖上积德，为世人传颂。

许沛苍祖父许正民公曾在省城经商，族有举人许光台深陷冤狱，被押解到省城。许正民出资营救，使光台冤案得到申诉出狱。许正民坚持不收酬金。许沛苍的父亲许丙南继承省城的生意后觉得离家路远，照顾家里老人不方便，就将店铺转到宁国的胡乐镇。父亲死后，丙南以家里事务牵绊为由，关了胡乐镇的店铺，而且将所有的账簿和债券一把火烧了，以免欠账的人受累，人们称颂他品德高尚。

许丙南四十岁生许沛苍，爱如掌上明珠，但是教子读学非常严格，一点都不懈怠，期望以诗书开启后人。适逢洪杨事起（太平天国），店业抛荒。平定洪杨之乱后，许沛苍已是成年人，家道萧条，不能承继旧业，为了生计，在本村设“鼎兴”号，以小本生意维持家庭开支。因经营有道，多年积累慢慢富裕起来，买田买房，家业振兴。

许沛苍晚年好施乐善，逢歉收年，他从很远的地方运进大米救济贫困家庭，修桥铺路，便利行人。村北二里地的葫芦潭，原来有座石桥，年久失修倒塌后，河两边过往的行人必须涉水，十分不便，许沛苍很焦虑，时时牵挂在心。

宣统元年（1909），许沛苍出金数千，在原址上重建石拱桥（天助桥），解决了过河难题。县知事宋履丰赞赏沛苍公的行为，在桥上立碑记载此事，并上报省督倪公，赠匾“利济行人”四字旌表许沛苍。

二、近代振兴人物

许怡荪（1889—1919）原名棣常，乳名铿如，号绍南。父亲许洪范，清附贡生。

许怡荪是磡头许氏第一个留学日本的高材生，与大学者胡适是挚友。

许怡荪少年时就读于绩溪仁里思诚学堂，毕业后与同学程干丰、胡祖烈、程敷模、程干诚等到上海求学。其他几位都进了吴淞复旦公学，唯有许怡荪选择了中国公学，与胡适同在一校，并在校外租房同住一室，结下深厚的友谊。

中国公学解散后，他与同学组织新公学，与胡适同住《竞业旬报》报馆，转入复旦公学。因父亲病故，作为长子，他既要照顾家里，又要兼顾孝丰的生意，两头奔走，无暇顾及，只好中途辍学，改为自修。

胡适一生感念许怡荪。他在上海中国公学毕业后，在一所教会小学担任英文教员，曾有一段时间思想苦闷，行为放荡，经常酗酒、打牌。许怡荪苦苦劝他，勉其奋发上进，并与程干丰一起为胡适筹集了旅费，资助他到北京考取庚子赔款留美官费生，成就了一生的伟业。

此后十几年里（一直到怡荪英年早逝），胡适与许怡荪书信不断，累有十几万字。今人梁勤峰、杨永平、梁正坤整理编辑《胡适与许怡荪通信集》，已由上海人民出版社出版。

胡适在悼念许怡荪的文中说："怡荪是一个富于血性的人。他待人的诚恳，存心的忠厚，做事的认真，朋友中最不容易寻出第二个。"许怡荪不仅对朋友真诚，做事认真，而且就像胡适评价的那样"富于血性"。他爱国，一生追求救国理想。

民国八年（1919）三月二十二日夜，许怡荪因肺炎抢救无效逝世，年仅30岁。胡适悲痛地说："怡荪现在虽死了，但他的精神，他的影响，永远留在他许多的朋友的人格里，思想里……将来间接又间接，传到无穷，怡荪是不会死的。"

许家斌 （1903—1982）名许葵，又名许葵邮，字质夫，号梦楼。洞洲许氏十九世。

1926年，许家斌毕业于原安徽省立第二师范学校（今休宁中学）新制普通科。毕业后即受聘于黟县某小学任教。

1928年，他回到磡头村，与许家振、许家华一起开办私立云川小学（不久停办）。

1930年，他考入上海复旦大学攻读文史专业。期间，结识了海派书法家邓散木、潘伯鹰、马公愚、白蕉等名家，并得到他们的指导。

1934年毕业后，他谢绝上海、江苏等地的聘任，毅然返回绩溪任教于明伦堂小学（今绩溪中学前身）。

1935年春，为振兴家乡教育，培育人才，他与许家振一起报请绩溪县县长批准开办“绩溪县立云川小学”，许家振任校长，许家斌任教导主任。

不久，许家振因病辞去校长职务，由许家斌接任校长兼教导主任。择许氏宗祠为小学校舍，上中下堂辟为6个教室，使村内普通百姓子弟有了读书的机会。

云川小学开办伊始，许家斌致力于贯彻陶行知先生的“平民教育”思想，坚持教、学、做合一，一扫旧私塾的迂腐教学理念，使学校风气大为改观，秩序井然。当时不仅本村的孩子可以上小学，接受新式教育，附近十几二十里乡村的孩子也纷纷来磡头云川小学就读，远道的学生就住在听泉楼上的学生宿舍。

1941年，许家斌于浙江省立浙西三中（浙江昌化）任教。

1945年抗战胜利后，许家斌随校回浙江省建德县，任浙江省立严州中学初中部主任兼教文史课，直至1949年3月，因不满时局而被学校解聘。

1951年，许家斌被浙江省人民政府教育厅分配到余姚一中任文史教师。

1954年，许家斌被选为余姚县第一届人民代表大会代表，后又多次被选为余姚县政协委员。他身体力行，传达民意，尽职尽责。

许家斌从教40多年，热爱教育、学识渊博、德高望重，桃李满天下，备受学子爱戴，誉载皖浙两省教育界。

家斌先生一生酷爱研习书法，篆、隶、楷、行、草五体皆精，在皖浙留下许多墨宝。磡头区域中的荆础岭茶亭对联、岔坑胡氏宗祠中的书法作品、仙人庵和尚寺对联、德星堂的匾额和八对抱柱对联均为家斌亲笔书写。在磡头许氏宗祠“追远堂”大厅两侧的内墙上，至今还留存着他写的“忠、孝、廉、节”四个两米见方楷体榜书。二十世纪三四十年代，许家斌在家乡生活时与仁里的程宗鲁（字东屏）齐名，被誉为“绩溪两支笔”。（许枚）

许灶清 （1912—2001）又名家笃，磡头上节人。绩溪十五都较早的地下党负责人，磡头村党支部第一任支部书记，在游击战争年代为十五都人民的翻身解放作出较大贡献。

1943年，许灶清到绩溪县校头东坑百萝园一带租山种玉米，在同乡亲戚、中共地下党员周会成的引导下，开始接受党的教育，并秘密加入中国共产党，在磡头一带开展地下工作，发展党员，建立组织。

1944年，磡头党支部成立，共有17名党员，组织指定由许灶清负责，在中共绩溪县委统一领导下开展党群工作。许灶清经常冒着生命危险组织党员为游击队搜集、递送情报。他曾配合王诚信带领的游击队夜袭戈溪伪乡公所，击毙反动乡长方尊五，捕杀伪肃奸团团长许家民，焚烧敌碉堡。

1945年，在九华军民37天大斗争中，许灶清组织民兵小分队驰援九华，并发动磡头附近的民兵和群众抗丁抗税，打击当地的伪保长和国民党顽固势力。

1947年绩溪“小解放”，许灶清担任戈溪乡党支部书记、乡农会主任。在中共路东工委领导下，许灶清积极发动群众，开展减租减息、抗丁抗税抗粮和清算反霸斗争。方明沮、许灶清组织戈溪乡农会在磡头枫树林广场召开千人大会，公审处决三名反攻倒算恶霸分子，打击敌人的气焰，鼓舞了人民的士气。

1947年秋，许灶清组织动员磡头村20名青壮年参加新四军武工队，他的本房家族就有5人参军。

戈溪中心区蓬勃兴起的群众革命斗争震慑了敌人。1947年11月初，国民党63师进剿磡头村，伪治安委员会疯狂报复许灶清，捣毁了许灶清在磡头的房子，并抓走许灶清的妹妹许菊时，严刑拷打，受尽折磨。许灶清带领群众转移进山后，即加入了王诚信领导的武工队，在十五都一带转战53天。

在许灶清的影响下，他的弟弟许家仲也加入了党的组织并参加了武工队。

1948年初，黎明前的黑夜，王诚信率主力部队南进后，许灶清与绩宁边工委书记方明沮等仍坚持在绩宁边区开展武装斗争，历经艰险，最终汇合工委机关在老根据地兵坑源坚持了下来。1949年1月，中共路东工委任命许灶清为顺和乡乡长。

中华人民共和国成立后，绩溪县委任命许灶清为第一任戈溪乡乡长，半年后转任城厢区区长。因“极左”路线受到冲击。1953年任城厢、扬溪供销社主任，1961年任县食品厂厂长，1963年退休。1983年获平反，恢复党籍，改为离休。

2001年许灶清在金沙镇澄村家中逝世，享年88岁。（许梦华　许钧）

许桂炳　（1916—1994）1943年加入中国共产党。他以伪甲长的身份为掩护，从事磡头区片地下革命工作，为绩溪解放做了贡献。

中华人民共和国成立后，许桂炳担任村干部14年，其间8年是村主要干

部。1957年7月，他担任磡头上节生产队支书，工作肯干，业绩突出，连任磡头二生产队支书、磡头二生产队村委会委员、社副主任、胜利社副社长、大队长。

1958年，家朋、胡家、和阳、荆州四乡合一。许桂炳时任副社长。据许大前回忆，他受乡党委委派，负责乡办串坑养猪场，发展乡村畜牧业，改善人民生活水平。同年，许桂炳走马上任大队长，第一项工作就是兴修水利，修仙人谷口大水圳，提高水资源利用率；建造山公塘，解决门前岱三队、五队等百亩良田旱涝问题。据许利民等村民介绍，他是当地著名的砌塝师傅，身强力壮，做事雷厉风行，身先士卒带领群众实干苦干，仅用50天高质量完成了约十万立方蓄水工程的建设任务。这成为山村建设库塘史上的奇迹，一直流传至今。二十世纪七十年代初，许桂炳任生产队长，在家朋中学厨房河对面砌2米多高、长近80米的大坝，新造良田数十亩。

许桂炳同志十分重视家乡的文化教育事业。二十世纪七十年代建设家朋乡文化站，择址于枫树林家朋供销社的大门口，离家朋公社机关只有几十米距离，是家朋村的中心地带。建站要占用家朋村第三生产队的秧田，又是"金土地"，工作难度大。乡干部找到时任生产队长的许桂炳，他二话不说，做好社员工作，家朋文化站顺利建成。建造一所家朋中学，是家朋人培养人才的众望所归。1970年6月，县委宣传部副部长胡社生负责筹办工作。首选家朋村大沿外作为校址，这里四通八达，又是各村的中心点。时任村支书兼任革委会主任王家统召集各生产队长开会，说明了建校组织意图，大家感到很为难。这里全是村民菜地，调整十分困难，队长们面面相觑。当天会议一直开到晚上十二点，仍达不成共识，这时许桂炳站出来表态："家朋中学校址改在大石桥，涉及第三生产队土地调整问题我来解决。"周边还涉及第五生产队田地，队长许传利表态支持。大家一致同意许桂炳队长的建议，家朋中学选址问题迎刃而解。

王家统 （1919—2001）初小文化，1947年参加新四军游击队，1949年7月参加中国共产党。

1952年转业，1954年12月任磡头乡支书，1956年1月28日担任总支书记，1958年担任家朋“乡人委、乡长、副主任委员”，同年调尚田公社担任副社长，1959年调地委党校学习。1962年退职担任磡头大队支书，直至1966年5月下旬十年动乱开始。红卫兵将他当作走资本主义道路当权派，停职、批斗。

1968年王家统恢复工作。同年，9月30日，“家革字第23号，批准王家统担任家朋生产大队革命领导组组长”，任职至1970年5月12日。1968年～1970年，叶大年为家朋党支部书记，王家统、胡求花等为支部委员。1970年，王家统担任家朋乡乡党委委员。同年，王家统接任支部书记至1974年4月卸任。

王家统同志先后担任乡村干部29年，其间任磡头村党支部书记18年。据76岁的许大前同志回忆，他任乡党委委员期间兼任家朋公社水利工程副总指挥，协助乡干部王帮祥总指挥分管水利建设。曾参加富强村坑上水库建设工作进度督查；横征路水库开工典礼（地址在梅干村煤灰窑）和家朋乡水利工程建设巡查工作。他担任乡党委兼任家朋村党支部书记时，有担当，做了许多实事，威望很高。

为加强自然灾害防御能力，提高农业旱涝保收水平，结束偏远农村使用煤油灯和松树脂照明历史，王家统任支部书记期间，带领村民建设大兴湾水库，清坞塘（又名红星水库），家朋水电站一、二级站，岔坑灰灶山塘等水利设施。发展家朋村经济，提高农民生活水平，改善生活质量，他功不可没。

七十年代正值国家招工、招生改革。农村知识青年接受贫下中农再教育，下放知识青年落户所在生产队参加农业生产，表现好的由村级组织推荐，经乡党委批准，才能跳出“农门”。当时，王家统既是村党支部书记，又是乡党委委员，做了许多好事。

许日新（1919—2009）生于绩溪县顺和乡磡头村（绩溪七区）一个贫困家庭。1947年7月参加新四军游击队，参军6年；回乡后担任脱产干部6年；1958年辞职回家。后担任家朋村治保主任、村两委干部，1985年12月31日离岗，为党为社会为村民奉献40年心血，是古村磡头的老干部。

许日新在磡头村参加老王游击队，与国民党部队多次战斗。他回忆，1948年上半年在歙县汗南一带两次攻打保四团，打了胜仗；1948年下半年在浙江战斗数次；1949年上半年在旌德县打了一个大胜仗。

据档案记载，1949年3月，他在皖南司令部“老钱游击队，胡文维介绍入党”，同年9月转正；他曾任班长、副排长、党支部委员。中国人民解放军华东军区颁发给他“渡江胜利纪念”章一枚。1952年9月9日，安徽军区徽州分区批准他退伍；组织鉴定他“思想意识较正派，生活朴素，个人学习好，劳动较好”。回家后，组织任命他为磡头乡委书记（脱产）；1955年3月31日，会议推选他为联社主任，为磡头村从初级社向高级社过渡和筹备人民公社做了大量工作。1958年，许日新因不满浮夸风而辞职。务农后，他曾任磡头大队治保主任及“两委”干部，兼任生产队长等职；参加过仙人庵水电站建设管理，期间主要负责保管炸药、雷管。他一生勤劳节俭，遵纪守法，性格耿直，品行端正，与世无争。（许启平）

许传法 （1921—1998）磡头村人。中华人民共和国成立前，磡头村是老游击区，群众基础好，新四军游击队活动十分活跃。许传法跟父亲学木匠，吃百家饭，耳濡目染，对国民党统治和四处抓壮丁的暴行深恶痛绝，1947年7月24日，他瞒着家人偷偷参加了唐辉领导的皖浙游击队。

1949年7月14日，经程志伸、许家富介绍加入中国共产党。

许传法经历了三年解放战争；两次请缨出国，把青春贡献给了祖国的解放事业。

解放战争时期，许传法担任徽州军分区独立营一连班长；1950年11月担任徽州军区三团一营一连副排长。

1952年1月12日，许传法参加了抗美援朝，担任副排长，浴血奋战在朝鲜战场。

1954年，许传法随志愿军胜利回国被编入中国人民解放军铁道兵8511部队，1955年升为排长。1965年9月又受命参加援越抗美。

许传法于1969年3月10日返回祖国，编入0250部队，1972年由部队转业马鞍山钢铁厂修建部，直至1981年8月退休。

许传法工作任劳任怨，为人诚实本分。他有一颗勇敢的心，不畏困难，不怕牺牲，对党忠诚，爱国爱民。他从不计较名利，退休后回磡头老家以钓鱼自娱，从不跟人炫耀自己的经历。

唐世益 （1923—2003）家朋行政村石岸前自然村人，高小文化。为人正直，办事公道，睦邻友善，勤劳节俭，享有较高的威望，受到村民的尊崇，多次被选为乡村干部。

1949年，磡头乡解放。10月3日，在汪公庙召开磡头乡农民协会成立大会，唐世益当选为磡头乡农民协会主任，着手从政治上、经济上彻底清算磡头村地主罪恶历史，把生产资料和劳动果实分到农民手中；教育和帮助农民提高觉悟，发展农业生产，促进团结互助，为巩固新生的人民政权做出了自己的贡献。

1953年，农会完成了历史使命。唐世益因工作业绩突出，1954年3月11日入选为磡头乡乡委委员；1958年任磡头乡第二生产队村委会副主任；1962—1980年多次被推选为石岸前生产队队长（村民小组组长）。他心中始终装着三十多户一百三十余口人的“大家”。谁家有困难，动员众人帮；小纠纷不出队，他总是和风细雨地解决。公社农技站分配来一名皖北宿县籍的兽医专业毕业生陈新亮，世益队长十分热心，不仅给他安排好食宿，还从宿县老家接来他母亲落户石岸前生产队，让陈新亮安心边远山区工作，为农民养殖业保驾护航，并为他结婚成家悉心张罗，石岸前村成了陈新亮温暖的大家庭。

生产队里的重活、累活，唐世益总是抢先干。离家8华里的仙人庵深山冷水田和离家5里地的冷水塘山坡冷水田，需要改造。每年春天，唐世益带领全队劳力上山割草施绿肥，改良土壤，提高粮食产量，不但实现了社员粮食自足，还超额完成交公粮任务。石岸前生产队出工早，形成了良好的习惯，在磡头村是出了名的。

为了增加集体收入，提升社员生活水平，唐世益利用公社（乡）食品站借用生产队公房经营的条件，协商由本队承揽了砌头至38号桥生猪和油料等物品的人力运输任务，在让社员赚取运输费用的同时，增加了集体副业收入。他鼓励社员在农闲时外出打工，鼓励农户养猪养鸡、发展家庭养殖业。生产队不仅实现工分值全公社（乡）最高，而且生产队公积金、公益金充裕，有了一定的集体经济。生产队年年出色地完成公社（乡）、大队（行政村）布置的各项任务，业绩一直名列前茅，受到广泛赞誉。

前进桥

中坞碓桥

石岸前村在平顶山脚，依涧溪河两岸而居，长期靠两座木板桥通行。山洪暴发，木板桥被冲走，人员往来十分不便。1970年冬，唐世益倡议在河上建石拱桥，社员们积极响应，捐工捐资建成“前进桥”（石拱桥）。1971年，再接再厉，由原家朋公社食品站出资、石岸前生产队出工出力，在食品站门口又修建了一座石拱桥（俗称“中坞碓桥”）。在当时一穷二白的贫困边远山区，一个生产队依靠集体的力量建造起石拱桥，非常罕见，充分显示了唐世益在群众中的威望和影响力、凝聚力。

二十世纪七十年代初，正是革命样板戏盛行之时。唐世益酝酿策划，组织男女社员利用冬季农闲，排练了现代京剧《智取威虎山》，在家朋公社枫树林操场戏台公演，轰动一时，既丰富了社员的精神生活，又增强了石岸前村民的凝聚力，磡头人都说石岸前村“民风正、村风好”。

唐世益，不仅是一名基层好干部，在家中也是一位好家长。他父亲去世早，作为家中长子，他义无反顾地扛起了家庭担子。在维持基本生计的同时，他还咬紧牙关将自己的二弟送去宣城干巴面店当学徒，勒紧裤带供自己的三弟到绩溪县城读中学。他持家勤俭为本，育子诚善为要，处事和气为先。他的子女不是务农的行家里手，就是教育界的辛勤园丁。三子唐德金大学毕业后分配到黄山市工作，曾任黄山市教育局党委副书记、黄山职业技术学院纪委书记。（唐德金）

许灶远　（1923—2001）排行名家骅。

许灶远出生在北伐战争之前，家庭贫苦，4岁时父亲病逝，一家8口人，主要靠大哥许灶庭、二哥许灶桐做手艺（石匠）和租种田地养活。两兄长扛住家庭经济压力，缩衣节食，供灶远读了几年书，他是家中第一个识字人。后为躲避抽丁抓夫，将大家分为小家，灶远不得已辍学。

1941年皖南事变后，国民党变本加厉压迫人民，苛捐杂税满天飞，时不时就抓壮丁、抓夫运粮、修碉堡，民不聊生。灶远躲过两次壮丁，但是1944年冬还是没躲过去，被押解浙江补充到国军62师。押运途中缺衣少食，还要遭受国民党兵的虐待和毒打，同行的许多壮丁就死在途中。

绩溪九华事变后，国民党将灶远这批壮丁补充到驻徽州的28军。比较机灵的灶远乘隙九死一生逃回家乡。生活仍旧艰难，但是战争的形势却发生了转折，国民党在各大战场上连吃败仗，皖南的国民党军和反动地方武装惶惶不可终日，新四军游击队已开始在绩溪的许多地方公开活动，群众日益觉醒。

1947年农历正月，游击队拔掉戈溪乡伪乡公所，镇压了以周厚毓为首的几个反动头目，进入磡头村，灶远在以理发为掩护的共产党员许尔昌的引荐下，找到游击队领导人方明沮、许灶清，表明决心，要求加入游击队被接纳，从此走上了革命的道路。

许灶远加入游击队后参加了大大小小十几次战斗，表现勇敢，且人机灵又有点文化，由副班长、班长升到副排长。

他回忆最深刻的是陈村之战。这是绩溪游击战斗中规模最大、最激烈的一仗。1947年11月10日，唐辉领导的皖浙支队两个主力连200多人在绩溪岭北八都村开大会，得知国民党保三团及绩旌两县联防队400多人在大獒乡蜀马村督造碉堡。唐辉当机立断，命令部队立即出发，老区民兵100多人配合，进攻蜀马，敌人筑堡企图失败。11月11日，双方在陈村遭遇，战斗十分激烈，战至黄昏，敌我双方伤亡都很大，为保存实力，唐辉命令部队撤出阵地，两个主力连撤向其他方向，许灶远和20多名队员及13名伤员撤向枫树坞。次日天明，灶远和战友们正在枫树坞吃早饭，增援的敌保四团又追了上来，部队抬着伤病员左冲右突，幸亏主力二连及时赶到，打退追兵，才脱离了危险。在这场战斗中，许灶远目击副连长和战友们牺牲，自己的水壶也被打穿了一个洞，让他终生难忘。1948年，许灶远光荣加入中国共产党。随后参加了解放绩溪县城、旌德县城等解放战争。

1953年3月，许灶远所在的解放军农建五师奉命改编为志愿军赴朝参战。他的部队属铁道工程兵11师32支队，主要任务是打隧道、铺铁轨、架桥梁、保运输。

1954年5月，许灶远归国转业，返乡参加农业合作化。1958年调县建筑工程公司工作，1962年又被调到浩寨陶瓷厂做食堂管理工作。

因娶妻生子，自己工资低，家庭困难，加上老母于1960年病饿而死，许灶远决定辞职回家务农。

许灶远回礠头后在大队做财务工作，直到文革前期。文革期间，他积极参加大鸣大放大字报大批斗，伤害了当地许多干部，儿子升高中时被拒门外。灶远灰心丧气，觉得在老家待不下去了，1975年冬天举家迁到校头乡蜀马行政村吴山塘落户。

许灶远为人好打抱不平，嗜酒，独饮经常也会喝醉，又唱又哭。后来才知道，其实他内心很苦，以酒消愁。可他很少提及那些打游击，参加抗美援朝的经历。如果不是读到他晚年写的自传，我也和礠头村的许多人一样不了解他的那些烽火岁月。许灶远晚景凄凉，贫病相加，没有得到一个老革命应有的尊敬和公正待遇。2001年夏初病逝，享年78岁。（许金河）

许家仲　（1924—2010）1924年7月3日出生于绩溪礠头村。从小家境贫寒，八岁丧母，靠父亲许桂年务农兼做石匠抚养成人。

抗日战争期间，许家仲就读于本村云川小学。他立志救国，1938年10月，在学校礼堂展出日寇暴行图片，并登台演讲发誓：宁做战死鬼，不做亡国奴。他坚决要求上前线杀鬼子，并带头上街游行示威，组织开展街头宣传抗日活动。1941年，家仲在徽州农业职业中学读书时，因积极参加学生运动，抗议国民党绩溪县党部进学校抓进步学生，被学校开除。1943年2月，他考入绩溪县立中学师范班。

许家仲的家庭是一个革命的家庭。大哥许灶清，1943年就参加了共产党，在十五都一带点燃了革命的火种。家仲受大哥影响，1944年7月从皖南干训班毕业后即接受中共磡头党支部派遣，以国民党云川保长身份掩护做党的地下工作，同时秘密加入了党组织。

因围剿游击队屡屡失败，国民党怀疑许家仲是共产党的卧底将他逮捕，但几经审讯没有结果，在监狱关押12天后，将他押送到第三战区陶（广）总部暂设在歙县洪坑的集中营。1945年9月，抗日战争胜利，国民党对政治犯放松了管制，家仲趁机逃离集中营。1946年2月，接地下党组织转达中共绩溪县委书记唐辉的指示，家仲又秘密回到家乡，在周村庄小学以教书作掩护继续为党工作。

1947年4月，经新四军武工队领导王诚信批准，家仲正式加入游击队，后参加了绩宁昌边和挺进歙县大洲源及赵家坪等战斗。1949年4月22日，家仲随王诚信等到绩溪县大坑口与皖浙支队主力汇合，担任皖浙支队组织干事。5月1日，随中共皖浙大工委机关进驻绩溪县城，被任命为城厢区区长（书记方明沮）。其后在接收国民党丢下的烂摊子、建立人民民主政权中做了许多工作。反右时受到冲击，被开除党籍、公职，送劳动教养。党的十一届三中全会拨乱反正，1980年经组织甄别给予家仲平反昭雪并恢复工作，安排在歙县茶厂。1988年离休，回到宁国塘坑居住。

家仲生前曾著有20余万字的回忆录，记述了他艰辛坎坷的革命生涯，给子女留下了无价之宝。他生前还积极为《磡头志》的编撰工作提供大量珍贵文字史料。2010年7月3日在歙县人民医院逝世，享年86岁。

许锦信 （1925—2013）生于磡头乡仙熙村（现为方家村）农家，排行老二。从小随父亲许垂木（又名德久，曾任磡头许氏宗祠族长）务农。因不满腐朽没落的国民党政府多如牛毛的苛捐杂税，投身革命。

1947年1月，许锦信参加皖南游击队，1948年12月加入中国共产党。他曾任班长、警卫员、区队长、见习管理员、副中队长、助理员等职，参加过1947年12月“歙县战斗”、1948年3月“歙县岔口战斗”、1949年3月“浙江分水县战斗”等多次战斗。

中华人民共和国成立后，许锦信在福建省厦门市解放军空军场站服役，1955年，被授予中尉军衔；1956年荣获“解放奖章”；1958年4月复员，被编入军官预备役。1958年12月28日，胡家乡、荆州乡、和阳乡、磡头乡合并为家朋人民公社。公社党委任命许锦信为磡头下生产队党支书。1961年冬，家朋大队主要干部前往县参加培训，公社安排许锦信到家朋大队主持工作。许锦信任村党支部副书记、支委多年，1983年4月7日卸任。

二十世纪七十年代，许锦信兼方家村生产队队长，带领社员兴修水利，科学种田，引进优良品种，提高粮食亩产；栽桑养蚕，增加农民收入。方家村生产队各项工作居家朋生产大队前列。

在几十年的基层工作中，许锦信说话耿直、为人和睦、办事公道、工作任劳任怨。在年事已高、腿脚不便的情况下，仍步行2里路参加组织活动，深受同志们的称赞。他践行了一个共产党员的初心和使命。（许家荣）

许明俊　（1926—2011）初小文化，1947年8月在绩溪县参加新四军游击队，1947年入党。他曾任班长、副排长，“1951年9月在新兵处三营十一连立四等功一次”，1952年4月复员。

回乡后，许明俊积极融入土地改革工作，不居功自傲，踏踏实实参加农业生产。1957年7月11日，他被选为磡头社副社长；他先后任家朋社下节生产队长、上节生产队支书兼队长、家朋社支书、监委；1960年代后任家朋村副支书、家朋大队革委会成员、支委，至1985年12月31日卸任，历任村干部29年。

1957年冬，磡头村掀起兴修水利、养猪积肥、改良土壤的农业生产高潮，拉开大跃进序幕。明俊上任后，响应党中央号召，带头苦干实干。磡头下节生产队成绩突出。为推进村整体工作，乡委决定加强上节生产队干部力量，增强工作力度，1958年下半年，任命他为上节生产队支部书记兼队长。他服从组织安排，认真完成组织交给的工作任务。后被任命为家朋社支部书记、监委。

1970年10月，绩溪县委发动灭螺大会战，县委抽调非重点区域和非疫区干部群众支援临溪、高村、华阳、金沙4个重点疫区灭螺。据许助维介绍，许明俊被抽调参加金沙乡五丰坡村的灭螺。涵洞是灭螺的重点区域，黑咕隆咚，脏、乱、臭，大家面面相觑。许明俊自告奋勇进涵洞灭螺，圆满完成任务。负责灭螺宣传工作的记者想要采访他，被他婉言拒绝。

许明俊就是这样一个默默无闻、埋头苦干、踏踏实实地为村民奉献良多的普通人。

许日如 （1927—1992）洞洲许氏二十世孙，是磡头村解放初土地改革时期的主要村干部之一。他为磡头村由互助组、初级社向高级社过渡呕心沥血，摸清田地山场等家底，为筹建家朋人民公社做了许多基础性工作。

1949年中华人民共和国诞生，年仅20多岁的许日如由石匠学徒刚出师，即担任民兵连指导员，他和连长带领民兵打土豪、分田地。1951年7月31日，磡头村召开庆祝土改胜利完成大会，标志着废除了地主阶级的土地所有制，实行“耕者有其田”的新制度。土地改革运动激发了广大农民的生产劳动积极性，村干部根据上级要求，结合实际，按照“自愿结合、等价交换、民主管理”的原则，积极引导村民组建互助组。许日如同其他村民一起参加互助组，他年轻有为，虽然只有小学文化，却不畏困难，吃苦耐劳，事事带头，发挥骨干作用。据91岁高龄的许洪荣回忆，成立互助组时，困难很大，一是没有劳动力的家庭，别人不愿接纳；二是有的家庭因年轻人保家卫国，田里活缺主要劳力；三是老的老、小的小的家庭，无法按时播种。许日如主动做工作，想方设法通过互助组帮助那些困难家庭渡过难关，村民们都说，许日如是个知甘识苦的好青年。

1952年冬，中共中央总结互助组的经验，对农村工作进行调整提升，作出《关于农业生产互助组合作的决议》，由个体经济向集体经济过渡。磡头村与全国各地一样，开始组建初级社。农民除保留自留地外，其他土地全部作股入社，耕牛和农具按质论价，作价入社，提取5%公共积累后，按土地与劳动力4：6分成，计算收益。初级社筹建工作基本就绪后，成立磡头乡管理初级社。1954年3月11日晚举行选举大会，选举许日如为乡长，许家根为副乡长，委员有章保其、许锦发、唐世益、许明生、许传发、王家统、周灶仙、许桂汉、许长榴、许观璋、殷付珍。会议确定了初级社章程，解决了互助组存在的问题，集体的力量进一步壮大。

1954年10月12日，绩溪县委组织"绩溪县城扩干会"，时任乡委书记的许日新、乡长许日如等7人参加会议。会议采取以会代训的形式，提升县乡干部政策水平、业务知识和管理能力。许日如文化不高，但是善于学习，经过培训，提升了思想认识和工作水平。他坚决执行中央的农村农业政策，工作有条不紊。初级社下设若干生产小组，劳动由生产组长派工，专人记工，年终分红。按计划安排生产，冬闲利用集体的力量兴修水利，提高抗旱能力，改善生产条件，科学种田，提高劳动生产率。后来，亩产量进一步增加，农民生活水平不断提升。党中央提出互助合作运动是农村一切工作的纲，是农村工作的主题，肯定了农村初级社工作。许日如工作出色得到了群众拥护和组织的肯定。

前排左一：许日如　左二：许日新

1955年，磡头村初级社向高级社过渡试点。3月31日联社选举，选举许日新为联社主任，许日如为联社副主任。许安清、王家统、许传富、许明生、许法根、许根如、唐满志、许桂汉、胡长安、许灶前为组员，下设三个组及组长：生产技术研究组组长许根如，副业经营组组长胡长安，绘制研究组组长许安清。联社抓副业促农业，丈量、规划农田，逐步实现农业集体化，集体的力量进一步体现。广大村民尝到了高级社的甜头，出售给国家的公粮增多，显示出集体化的优越性。冬天兴修水利、修碣、造坝、造林，大搞农田基本建设，提高农业的造血能力。高级社与初级社相比，一是规模进一步扩大；二是确定土地集体所有，取消土地分红；三是实行按劳取酬的分配原则。高级社进一步调动了农民的生产积极性。磡头村高级社的试点，取得了显著的成效，为全县全面推行高级社提供了经验借鉴。许日如因业绩突出，被提拔为国家脱产干部，调到县委农工部履职，后升任农工部副部长，历任校头乡乡长、华阳镇党委委员、临溪镇党委副书记、镇长等职，1978年提前退休，1992年9月遭遇意外事故逝世，享年65岁。

许家甲　（1927—2004）1927年9月出生于磡头村，涧洲许氏十九世孙。父亲许桂元，又名灶文，母亲周富仙自幼缠过足。他小时候靠父亲务农维持生活，生活十分艰难。

许家甲小学毕业后，因家庭无经济来源，父母无奈让独子辍学，从事竹匠手艺。许家甲在吃百家饭的日子里，受到先进思想的熏陶，觉得在国民党统治下农民永远过着暗无天日的生活，只有推翻三座大山，人民才能过上好日子，享受幸福生活。他边学手艺，边寻找革命队伍。1947年5月由许灶清介绍入党，同期参加革命工作，历任皖浙支队四中队战士、班长、事务长。他作战勇敢，又有一定的文化、组织能力，得到组织的信任，曾任皖浙工委歙休工委委员，徽州军分区歙县独立营后勤处政治指导员、保卫干事，军委总后勤部总财务部政治助理员，牡丹江农垦局856总场5分场政治处副主任、副书记，绩溪县城厢供销社主任、人防办公室副主任，绩溪县农机局、机械工业局副局长（主持工作），绩溪县政府督导员等职。1987年12月离职休养，享受县处级政治、生活待遇。

据档案记载，许家甲“工作细致、认真”“坚持文化学习”，曾得到部队通报表扬，三次受奖。1955年被铁道兵某部授予“解放奖章”，1955年中国人民解放军总财务部干部处授予许家甲上尉军衔。

许家甲离休后过着子孙满堂、幸福美满的生活，他于2004年11月10日因病逝世。绩溪县农业机械管理局在《皖东南报》刊登讣告，以慰藉这位为人民解放事业进行过浴血奋战的老兵。

许家钱　（1928—2001）中共党员。年轻时即接受革命教育，曾多次到枫树图村等地为游击队送情报；担任大队干部及村“两委”成员近30年，直至1984年卸任，在磡头村有很好的口碑。

许家钱1958年被村民推选为高级社委员兼出纳；同年被选为磡头第一生产队（当时磡头下辖三个生产队）支委、磡头第一生产队队委会主任。1958年12月23日，家朋公社任命许家钱为下节生产队队长。二十世纪六七十年代，许家钱曾任家朋大队大队长职务。

磡头主要农田在村东（上圩田畈），缺乏水资源，种田靠天收，旱情时有发生，影响农民收入。特别是经过1960年的饥荒，许家钱深知解决农民的温饱问题责任重大，向大队党支部书记王家统建议，在磡头村进行水利建设，除修复仙人庵头碣水圳外，筹建红星水库（即青坞塘）、大兴湾水库。他身先士卒，在工地一线劳动。水库建成后从根本上解决了磡头上圩田畈几百亩水田的灌溉保障问题。

1964年，许家钱组织宣传贯彻国家计划生育政策，率先垂范，带头实施绝育手术，有力推动了磡头村的计划生育工作。

二十世纪七十年代初，他与村干部一班人带领村民兴建家朋水电站、家朋二级站，改变了丘陵山区用煤油灯照明的历史，当时中央新闻纪录电影制片厂专门为家朋小水电拍摄专题纪录片，在全国推广农村小水电。

1984年6月，绩溪县基层组织改制，家朋大队改村委会，许家钱因年龄关系从大队长位置上退下来。几十年从事基层一把手工作，他付出了很多，待遇却十分微薄。但他从不计较个人和家庭得失，不图名图利，心里装的是人民群众，想的是为村民办好事、做实事。他与几任党支部书记合作十分融洽，是一个政策性强、工作能力强的好干部。

许家安　（1928—2021）磡头村许氏十七世第99支如松公之孙，父亲许枢煵，母亲方杏园。

1935年，许家安入磡头小学读书，因身体羸弱，上学时断时续，至1943年高小毕业。他1943年8月考入绩溪县立初级中学，1946年8月考入歙县师范学校（徽州师范学校前身），1949年8月毕业。

青少年时期，许家安的刚正不阿性格逐渐显现。1943年，在读小学6年级的许家安指责校长克扣学生伙食，触怒了校方，幸亏有老师秉公直言，帮他保住学籍，被记大过处分。1946年的初中三年级下学期，因反抗校方封建家长式的管教，他和其他五位同学逃学到南京考入安徽中学，后被家长找回。1949年在师范学习期间因质疑校方的行政管理，受到留校察看处分。1949年6月，师范学校毕业考结束，热血青年恰逢华东三野军政大学招生，许家安第一时间报考并被录取。报名参军是瞒着父母之举，加之许家安父亲有被抓壮丁的经历，对军队敬而远之，得知他已经参军的消息，他父亲连夜赶一百多里山路走进歙县城里，找到招生部门，不同意儿子参军。在第一批学员出发之际，招生领导要求许家安回家做通父母的思想工作，征得支持再归队。许家安错失加入解放大军的良机。

许家安参加工作后，从小学施教开始，两年间历任宁国县狮桥小学、宁墩小学教师，仙家小学教导主任，宁墩小学校长，展现了出色的工作能力。两年后，他调任宁国县人民委员会卫生科行政科员，其间曾兼任县人民医院负责人一年，当上级找他谈话准备正式任命他为医院院长时，他婉辞了这个岗位。1963年，许家安被评为“先进工作者”，出席宁国县群英大会；1970年，他被评为“五好贫宣队员”。其后，任宁国中学总务，在宁国县体委岗位上退休。

离开工作岗位之后，许家安退而不休，曾当选宁国市第一届政协委员，为改革开放的城乡建设建言献策；作为责任编辑，他参与《宁国志》的编写。晚年的许家安，修身养性，保持健康心态，锻炼身体，关注国内外时事，有机会还探讨中美贸易冲突、5G技术、量子信息技术等。他重游杭州、上海、苏州、无锡、南京、休宁、屯溪等故地，兴致盎然。逢年过节，全家欢聚一堂，儿孙绕膝，当他看到儿辈、孙辈、重孙辈围坐身边，其乐融融，欢愉之情无以言表。

许家安热心助人，心系故里。为修葺祖坟捐资，米寿之后还两次回到磡头。家族续谱发起之时，他已经是鲐背之年，虽行动不便，但仍然关注进展，儿子们向他汇报为修谱捐款数目，他却认为还没有达到他的要求。

2021年11月4日，许家安病逝于宁国。妻子胡蕙芝是他就读歙县师范学校时的同学。夫妻琴瑟和鸣，相伴终生，育“传”字辈子女6人：惟、恺、惇、武、玲、琍。他的子女们都健康成长，为社会作出了各自的贡献，他们家的良好家风得以持续传承。（许恺）

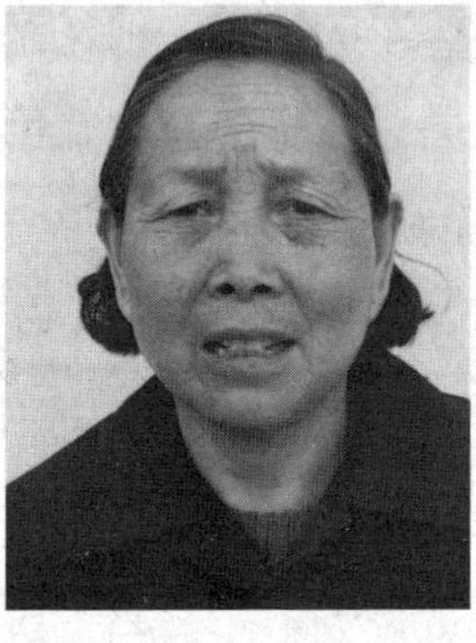

汪助榴　（1931—2004）家朋乡松树坞村人，嫁磡头村和尚岱村许金康为妻。

许金康家庭生活并不富裕，夫妻相依为命，勤劳节俭，和睦相处。助榴是个热心肠的人，村里有婚、丧、喜事，谁家有困难，她都主动帮忙。久之，树立了威信，表现出一定的组织能力，积极上进，加入中国共产党。

二十世纪五十年代初，中华人民共和国刚成立，山村缺少像助榴这样的女干部。1953年，年仅22岁的汪助榴被推选为磡头乡妇女副主任。她上任后，努力学习文化，积极做好妇女工作，群众满意，组织信任。1958年，她被选为磡头社副社长、青妇委；同年担任磡头大队方郊村生产队村委会副主任；1962年12月，选为副大队长；先后担任家朋大队妇女主任、革委会副主任、支委等职，1980年2月卸任。任乡村干部28年。

解放初期，百废待举，村干部没有补贴，全凭一颗火热的心为村民服务。当时，磡头社下辖三个生产队，磡头上生产队、磡头下生产队和方郊村生产队。方郊村生产队辖和尚岱村、岔坑村。山区村干部的构成既要考虑干部综合素质，又要考虑合理分布。汪助榴自然是和尚岱村的联系人。她不仅负责本村的主要村务，还要做好调解、治安等工作，反映社情民意。许洪狄是村里的孤儿，她得知绩溪县人民政府开办孤儿院，遂为洪狄奔走，帮助他争取到名额，享受政府的关怀和组织的温暖。1959年许洪狄被孤儿院收养，从此改变了人生。像这样服务村民的例子还有很多。

汪助榴主管妇女工作。她重视提高磡头村妇女的思想道德素质、科学文化素质和身体素质：动员妇女进夜校扫盲；以会代训，增强妇女政治、文化知识；引导妇女树立自尊、自信、自立、自强精神。她化解家庭矛盾和社会矛盾，为维护妇女和儿童合法权益作出了很大贡献。（洪新民　许洪狄）

许家朋　（1932—1953）磡头许氏十九世。他的父亲许嘉生与母亲马荷仙共生育了五男二女，因无钱求医，先后病死五个，只有家朋和弟弟许家山成活。

1943年，家朋11岁，迫于生计，父亲当掉田地，卖了耕牛，举家迁到地处深山的兵坑源西直坞，全家挤在一个简陋的草棚中，靠开荒种苞谷和打柴卖柴维持生活。

兵坑是新四军游击队的根据地，那时，十几岁的少年家朋就为游击队探听情报，传送信件，表现出勇敢和机智的个性。

1948年，国民党军以下乡“清剿共匪”为名，烧毁了他家的草棚茅舍，家朋一家只得搬回磡头老家。没了田地，只能靠租种和打工度日。

1949年解放，劳苦大众翻了身，许家朋切身体会到新旧社会两重天，倍加热爱共产党和新社会。他加入民兵队伍，积极参加土地改革运动。1950年春，他和几个民兵深夜奔袭，从宁国蜀洪抓回了血债累累的反革命分子程华生。

1951年，许家朋报名参军，成为一名解放军战士。朝鲜战争爆发，战火燃烧到鸭绿江边。为保卫新生的人民共和国，保卫胜利成果，许家朋所在部队转为中国人民志愿军，奔赴朝鲜，抗击美国侵略者。

中朝两国军队密切配合，经过五次战役，将“联合国军”打回到“三八线”以南，粉碎了美帝国主义侵占朝鲜、称霸东南亚、扼杀中华人民共和国于摇篮中的企图。

1953年7月6日，为迫使联合国军签订“停战协议”，志愿军在“三八线”附近发动了石砚洞北山反击战。许家朋所在的突击排担当重任，要以最快速度插上主峰，为后续部队开辟道路。在接近主峰的时候，敌人暗堡内的机枪火力挡住了部队冲锋的脚步。在这紧要关头，许家朋拖着负伤的双腿匍匐接近暗堡，在炸药包受潮无法拉响的时候，许家朋毫不犹豫地用胸膛堵住敌人的机枪口，用生命为部队打开通道，牺牲时年仅21岁。中国人民志愿军为他追记“特等功”，授予他“一级英雄”称号，朝鲜民主主义人民共和国最高人民会议常任委员会授予许家朋“朝鲜民主主义人民共和国英雄”称号。

许家朋是抗美援朝战争中十二大英雄之一。

1957年，英雄的家乡被命名为家朋乡。

1969年国庆节，英雄的母亲马荷仙应中央人民政府的邀请登上天安门城楼，受到毛泽东主席的亲切接见。

1973年7月6日是英雄牺牲二十周年纪念日，许家朋烈士纪念碑矗立在磡头社屋山，故乡子孙世代怀念英雄的光辉事迹，纪念碑激励后人踏着英雄的足迹，听党话跟党走，建设美丽富强的国家。

1975年，县政府安排对纪念碑进行改扩建，碑身由砖结构改为花岗岩结构、扩建烈士陵园，后又建成纪念馆。馆、园成为绩溪县红色教育基地，每年的清明节前后，全县中小学和各单位纷纷在烈士陵园开展纪念活动。花圈簇拥着英雄纪念碑，一批批党员、干部、学生、群众络绎不绝来到这里悼念英雄，缅怀英雄业绩，传承英雄的精神。

人民英雄许家朋永垂不朽!（许梦华）

许家伟 （1932—1980）中共党员，主治医师。他出生在磡头村一个贫困的家庭，小学毕业后，去浙江淳安当学徒。18岁应征入伍，经过医学专业培训，分配到南京步校任卫生员。他钻研业务，工作认真，服务周到，深得官兵好评。1953年，他不幸感染空洞型肺结核，手术治愈后，鉴定为二等甲级残疾军人。

1958年，许家伟复员回老家，在磡头上节生产队支书许桂炳的支持下，借用民宅成立诊所。他用自己的复员费购药，为村民义诊，生产大队记工分分红。三年困难时期，村民严重营养不良，老年浮肿病人多，生产大队安排在怀恩堂集中治疗。县、乡人民政府将黄豆作为处方药，下拨到生产大队，由家伟煮熟后给病人服用，他不贪不占便宜，服务备至，保住了病人的生命。

每次到县城购药，他都要步行20多里山路到38号桥乘车，消耗的体力是常人的数倍，每次出差像生一次大病。1960年，磡头村出现了大量的流行性脑膜炎、麻疹病人，他及时用中草药治疗，许多病人转危为安。

1962年7月，磡头村诊所并入家朋卫生院，许家伟任卫生院院长。1965年，组织调他任瀛洲卫生院院长，他充分发挥胡竹如、江家标、程华姿等老中医的作用，培养大队赤脚医生，壮大医疗队伍，满足人民群众的需求。瀛洲卫生院中医治疗技术，在全县小有名气，被芜湖中医学校定为教学基地。许家伟荣获安徽省卫生系统先进工作者，1979年任华阳镇卫生院院长。（许跃光）

许传贵（1933—2012）又名许日贵，生于磡头村，初中文化，中共党员。靠父亲许灶和放排及帮工挣点零用钱度日，母亲汪秋香幼年缠过足，默默无闻做家务。为摆脱贫困，父母勒紧裤带，供许传贵读书。许传贵自幼聪颖，学习勤奋，以优异的成绩考上绩溪中学。

1954年7月，许传贵绩溪中学毕业后，组织安排他去安徽森工局屯溪办事处检尺培训班学习。

1954年10月，许传贵被分配到太平县（今黄山市黄山区）森工局木竹收购站任检尺员。

1958年，许传贵大搞技术革新，创制了木轨木轮车、原木滑道、翻板闸和钢丝索道等多种木材运输工具，提高了生产效率，为国家节约运输费10万余元，节约劳动力8万个，提高工效10倍，解决了交通不便山区的木材靠人力扛运的难题。他的革新成果在全国推广，一直沿用至今，为国家做出了突出贡献。

1959年10月26日，许传贵出席全国群英会，受到周恩来、朱德等中央领导的接见，被授予“全国先进生产者”称号，成为磡头许氏第一位全国劳动模范，其事迹载入《中华英豪大词典》。

他刻苦钻研业务，工作任劳任怨，开拓创新，廉洁奉公，为人低调谦恭，受到领导信任，同事敬重，先后任职太平县林业局、森工局的副局长、局长、党总支书记，太平县大桥乡党委书记，黄山区农委副主任。

许传耕（1933—2017）又名许源。他16岁去淳安学做生意，1950年回家参加绩溪县政府组织的土改工作队；后调县供销社工作，任经济师；曾任家朋供销社主任。

传耕的父亲许跃庭，经营祖传药店。因一耕一读是最佳兴家结构，公遂将次子取名传读。跃庭善经营，做事严谨，重视教育，供养二子饱读诗书。中华人民共和国成立后百废待举，传耕参加县委土改工作队；传读在绩溪县人民政府工作。传耕在工作队期间，工作积极，善于分析问题，解决问题能力强，土改工作结束后，组织上安排他到县公安局工作。跃庭夫妇认为，一个贫穷的国家走向富裕，更需要经济管理人才。在父母的再三嘱咐下，传耕1958年转岗到县供销社工作。

少年即经商，传耕的供销工作如鱼得水。全县20多个乡人民委员会要建立供销社，工作人员联社分片包干组建。传耕宣传国家供销社政策，引导股民自愿注入股金，率先完成工作任务，得到组织的肯定。因父母年老多病，需要照顾，他转回老家磡头供销社工作。后因组织需要，又调他去扬溪供销社工作。

1981年，许传耕调入家朋公社担任供销社主任，负责家朋、胡家、荆州与和阳供销社工作。发展农业生产，帮助农民走上致富路，解决农资供应是供销社的头等大事。物资储备是摆在面前的难题。兴建物资仓库和门市部选址，家朋村大园外最理想。这里是通往和阳、荆州、胡家人民公社的公路交通枢纽，也是家朋村村民的“寸金地”，但牵涉到很多农户的菜园地，定址的工作难度很大。他凭着自己的威望和事业心，依靠当地村干部，登门一户一户做工作，1986年建成了大园外家朋生资部和门市部。这解决了四个公社的物资储备和供应问题，保障了市场繁荣，让农业增产增收。

许传耕任职后，供销社处于改革开放风口浪尖，受到前所未有的挑战。辖区个体户工商户开始发展，他不仅转变供销社多年来的经营理念，而且指导和发展个体工商户，发展经济，繁荣商贸，大大地方便了人民群众，提高了人民生活水平。此时，国家又对商品统一降价，库存降价损失大，直接影响到职工福利基金和奖励基金。许传耕克服困难，拓宽销售渠道，稳定了职工队伍。

家朋供销社辖区的四个公社农资供应、商品销售额，名列全县同行业前茅。许传耕任家朋供销社主任，深得组织信任、职工拥护，职工福利也得到保障。他1993年退休。

许传读（1935—2017）又名传恒，初中文化，排行老二。父亲许跃庭从小在浙江学做药店生意，勤奋好学，不仅懂得中草药性味归经、功效、应用、剂量及注意事项，还学会了用中草药治病。中华人民共和国成立后，跃庭回磡头村行医。他不收诊费，还教会患者用中草药治疗疽和痈等常见病症，让村民不花钱或少花钱治好病，深受乡亲们赞扬。传读从小受父亲的影响，富有同情心，平易近人，乐于助人。

1953年3月，传读参加工作，曾任磡头区公所、绩溪县委会交通员，县政府收发员、干事、秘书。他参加工作不久，加入中国共产党。因工作努力，被组织提拔重用，担任过县委审干室干事、县革委会信访小组副组长。1977年4月调到山区工作，曾任和阳公社（乡）、家朋乡党委副书记、书记、人大主席、调研员，直至1996年1月退休。

传读在和阳公社（乡）工作9年，深入基层，访贫问苦。他制定了和阳乡发展经济规划，宜林则林，宜茶则茶，闯出一条贫困山区致富的新路，和阳乡经济发展了，农民开始走向富裕道路。他一心扑在工作上，虽然步行回家只有15华里，但很少回家。妻子许菊时带着三个儿子建民、建辉、建兵生活，勤俭持家，克服了许多困难。和阳村干部到他家做客，没想到他生活如此困难，想要送一些杉木给这位心里装着和阳公社的好书记，让他打一些新家具，他硬是不收。1985年，组织为了照顾传读家庭，调他回老家家朋乡担任党委书记。他以身作则，以乡为家，以工作为重。1991年“7·2”特大洪灾，他家临河的房子被冲得无影无踪。传读时任家朋乡人大主任，为抗洪救灾日夜操劳，顾不上自家重建家园。他带头捐款，还将位于枫树林中间可以亦房亦商的一块地，无偿送给受灾户许观泽建新房。经过一年的努力，灾民们大都住上了新房子，可是传读自家被毁的房子还是一片废墟，已经出去工作、学习的三个儿子逢年过节回家探亲，只好借宿或住政府宿舍。

传读抗洪救灾事迹突出，县委、县政府给予记大功奖励。传读无私奉献的精神，在家乡传为美谈，深深地刻在人们的心里。

传读一生对党忠诚、勤勤恳恳、任劳任怨。他真心诚意地结交许多农民朋友，作风正派、平易近人、不贪不赌，从不计较个人的名利和得失。他留给儿子自尊、自信、自立、自强的精神遗产激励着孩子奋发向上，个个取得成功。

许传国 （1937—2022）字司城。绩溪县磡头村人，生于绩溪县原大司城院内。中共党员，高级工程师、高级政工师、高级经济师，1997年晋升研究员（正高）、中国药学会高级会员。

1958—1962年，许传国任家朋农中教师兼行政负责人；1962—1992年，在屯溪制药厂工作。因他工作业绩出众，后被任命为副厂长、党委书记。他主持的制药厂技改，被列入中药产业国家计划投资项目，并于1986年下拨3000万技改贷款（后变为贷改投）。同年，他随同国家医药局组团赴日本进行专项考察。

1991年，许传国被安徽省委组织部调任华东中药工程集团公司书记、副总经理。1997年晋升为研究员（正高）。1997年1月退休。

1999年2月，许传国被中国药材公司华邈中药工程技术开发中心及公司研发部、中国电子工程设计院、《中药炮制工程学》编委会等单位聘为顾问。他参与编制国家中药产业“十五”计划、“2015”中药产业发展规划；参与“国务院发展研究中心”的“现代中药产业化”、“中药知识产权保护”两项课题研究；是原国家计委“现代中药产业化项目”、全国制药装备技术、国家经贸委制药机械GMP原评审专家。

他参与编写出版著作有《中药工程学》《中药知识产权保护》《中药饮片GMP实施指南》《中药炮制工程学》；参与修订《北京市中药饮片炮制规范》。

许传国于2022年在屯溪病逝，享年85岁。

叶钻铭 （1947—2003）又名叶钻明，磡头苦竹街村人，是村里有名的公益事业热心人。

钻铭，兄弟姐妹有9个，排行老二。他从小天资聪慧，学习成绩很好。因为家庭生活困苦，他初中辍学回家挖野菜、采野果，和家人共同度过了二十世纪六十年代初的三年困难时期。

后来，钻铭代过课，工资待遇低。被迫放弃喜爱的工作，跟着父亲学习砖匠手艺（钻铭六个兄弟，有五个都是做砖匠的）。钻铭有文化、有组织能力、有经济头脑，带着一班兄弟走南闯北做砖匠。他为人敦厚、和善、诚信，这支兄弟工匠队伍，凭着技术过硬，保证质量，和睦待人，在胡乐一带小有名气。二十世纪八十年代，这支队伍成为宁国市胡乐乡的房管会专业建筑工程队。

钻铭因患严重高血压，1986年告别砖匠手艺，回家疗养。从此，钻铭有时间就为村民做公益。他在苦竹街村里算是文化程度高的人，写得一手好字。村里人只要写信、写申请、写材料、写对联等，都请他代劳。村里所有的红白喜事，钻铭都承担起记账当总管的重任。钻铭经常对老婆说："能做的事就尽力帮人家做一点。"他舍得花时间，热心为村民服务，在村里很有声望。村里村民间有些小纠纷，钻铭都主动去劝和。

钻铭虽然不是村民组干部，但是乡村干部来苦竹街开展工作，都要找钻铭帮忙。只要他开口要做的工作，没有村民不支持的。1991年，绩溪县家朋乡发生了"7·2"特大洪灾，家朋村大量房子被冲毁。当时的绩溪县挂职科技副县长何家庆（安徽大学教授，致力于魔芋研究，扶贫富农，人称"乞丐"教授）正在家朋乡调研，住处不好安排。钻铭知道后，主动把何教授领到家中，吃住了两三天。当时，村里人对钻铭招待无钱无权的挂职副县长很不理解，钻铭说："做人不能图利，帮人排忧解难，急人所急，才是做人根本。"

钻铭是一个正直、善良、有责任心、助人为乐的人，在苦竹街村民中是一个平平凡凡的普通人，却让人们难以忘怀！（叶承胜）

许安民　（1949—1998）小学文化程度，曾任磡头村民兵营长多年。1988年始，他连任两届家朋村党支部书记，重任在肩，履职尽责，不辱使命。

1991年7月2日，家朋乡突发特大洪灾，家朋村首当其冲。村中古石拱桥5座、水街1300多米被毁，房屋倒塌292间；供销社、电站被淹没；猪牛栏、农田、旱地、道路、电线杆等被冲毁；许时润石牌坊倒塌，仅存一尊石狻貌；家朋中学厨房、男女生宿舍4间被冲毁。

突如其来的重担压在许安民肩上，他与支部其他成员一起，将灾民安置在东山营血防站、学校等场所；落实党员、干部联系重灾户，保证人人有饭吃、有地方安顿；安排人员核灾，向上级反映灾情，请求支援和帮助。

他在不眠中度过每一夜，参与抢修道路、恢复高压供电，安排人员运送食盐、粮食等，保证生活必需品供应。省、地、县领导视察灾情，记者采访，许安民都陪同、接待、安排食宿。

洪灾惊动了党中央，中共中央办公厅、中纪委、中宣部、中组部、中央对外宣传小组、中央统战部、中央对外联络部等八部委干部募集衣被，千里迢迢送到绩溪县。家朋乡共收到“棉被类1369条，棉衣2835件，单衣3107件，鞋帽围巾类194件”及捐款。许安民按照上级要求，组织村委会、共青团、民兵、妇代会干部联系村民组；召开会议，民主评议，落实到户；再将分配方案报村“两委”会审核通过，经县、乡抗洪救灾重建家园工作组审核同意后，由行政村统一发放。他还组织村民重建家园，进行生产自救。

经过一年多的努力，重建后的水街，古貌新颜，涧洲河道修复并拓宽，生活设施改善，灾民住进了新宅。

家朋中学自建校以来，苦竹街村到磡头村的道路从校园中间穿过，严重影响学校正常的教学秩序。许安民配合乡教委干部调整土地，建成了一段从苦竹街村口灰灶至涧溪河拱桥的乡村机耕道直路，村民不再穿校而过。学校建起围墙后，个别村民借着晚上天黑，寻衅滋事，破坏围墙，在乡政府的支持下，许安民书记利用村党支部党员思想教育冬训契机，组织40多名党员将围墙修复，又挨家挨户做苦竹街村民工作，维护校园安全。从此，家朋中学有了一个安宁的教育教学环境。

许家德 （1954—2024）磡头许氏十九世孙。中国共产党党员，中国特

色社会主义事业优秀建设者，杰出民营企业家，宣城市第一、二届人大代表，安徽省绩溪家德钢结构有限责任公司创始人。

家德出身贫寒，两岁丧父，6岁时母亲下半身瘫痪，13岁时二姐病故，二哥许家杰在部队牺牲。霜打雪压，生活窘迫。他做过农、学过艺，在家朋水电站做过电工。

1976年，家德被推荐到水电部第十四工程局技术学校学习。毕业后，分配至江西万安水电部十四工程局安装队工作，同年随单位编入水电建设工程兵00636部队，他吃苦耐劳，雷厉风行，1983年加入中国共产党；1984年转业到绩溪县粮食局工作，因能力出众，被提拔为绩溪县饲料厂副厂长；1987年4月停薪留职，创办安徽省绩溪县金属结构冷轧厂。1989年，他研发的食用菌全套设备经安徽省经贸委鉴定后批量生产，热销附近几个省市，年产值30多万元。同年转型生产加工输电线铁塔，1994年兼并县属及华阳镇所属四个企业，成立安徽省绩溪金属结构厂。之后，企业不断发展壮大，屡创佳绩。2002年4月，公司更名为安徽省绩溪家德钢结构有限责任公司。

家德坚持走科技兴企之路，2013年5月，企业整体搬迁至绩溪县生态工业园区徽山大道6号生产经营，拥有员工100多人。他共成功申报4项发明专利、26项实用新型专利。企业年利税近1000万元，是科技示范企业、高新技术企业、安徽省专精特新中小企业。

家德是绩溪县第二届收藏家协会会长，2016年经安徽省文物局批准建成的“绩溪许氏博物馆”，由他创建，馆藏文物2万余件，是国内屈指可数的个人收藏博物馆。

家德致富不忘家乡。20多年来，累计投资家乡公益事业200多万元，累计捐款30多万元。

2005年，绩溪县林业局为促进经济发展，拍卖仙人谷林场的三年松脂开采权和五年松树采伐权。许家德此时的企业发展处于最困难时期，为保护家乡水源、山林环境，发展经济的同时护住青山绿水，他举全家之力，凑集27万元参加竞标，以380万元中的，避免了采脂毁林，保护了家乡人的生命之源。家德出资征地，建成磡头大园外停车场；聘请专家为磡头村制定旅游规划，绘出旅游蓝图，引导村民走上致富路；出资建庵德桥；牵头重修许氏宗祠；2020年又主持续编《润洲许氏宗谱》；逢年过节慰问家乡贫苦老人。

许家德造福乡梓广受家乡人民赞扬，他建设家乡、热心公益的家国情怀令人敬仰，他无私奉献的精神永存。

附：庵德桥纪实

绩溪县家朋乡待开发的著名景区仙人谷，有一条仙人河，河上有一座单孔石拱桥——庵德桥，由许家德捐资5万元建造，并由家朋乡竹里村周世甫设计、磡头村章太岩承建。

庵德桥选料优良，做工精细。东接仙人庵和尚寺，西接汪洋坪脚。单孔石拱桥桥长16米，桥宽4.4米，桥高3.5米，跨径10米，引桥13.8米，主桥两侧用细石条作护栏。桥面用花岗岩石条铺设而成。庵德桥根据水文资料设计，预留了充裕的泄洪空间，即使山洪暴发，丰水季节河水也不会漫过桥面。

庵德桥是古村磡头通往荆州、去浙江的必经之道。皖、浙人士经商，荆州人运粮、卖猪崽，磡头周边村庄砍柴人都从此路过，络绎不绝。为方便行人，古人在这里建造了中间两桥墩，悬托式石板桥，由两根2.5米长石梁拼合成桥面，桥全长7.5米。

1991年7月2日，家朋乡暴发了百年不遇的洪水，仙人谷石板桥被冲毁。桥址所在地荒无人烟，石板桥造价不菲，一时无人牵头做造桥善事，交通受阻。2007年夏天，许家德慷慨解囊，请竹里村周世甫设计，石匠艺人章太岩施工。2008年上半年建成单孔石孔桥。

庵德桥，凝聚了许家德行善积德、奉献社会的无私精神，这是他在仙人谷行善的缩影。

许家德功在当代、利在千秋、功德无量的义举，受到家乡人的赞扬。

许　明（1963—2004）又名道标，1963年11月出生于磡头村。父亲许日富是国家公务员，母亲许祥时在家务农，后被聘为家朋医院、小学食堂的厨师。夫妻俩为人正直，孝亲睦友。

许明高中毕业后回到磡头村务农。他拜师学了砖匠手艺，业精于勤技在专，出师后很快在砖匠行业脱颖而出，承建了家朋茶茧收购站、家朋粮站综合楼、家朋银行大楼等项目。

他热心公益事业，乐于为群众办事，深得群众信任，逐步走上村领导岗位，先后担任家朋村村民委员会主任、家朋村党支部书记。2002年12月当选为绩溪县十四届人大代表。

1991年7月2日，磡头村发生了百年未遇的洪涝灾害，许明冲在抗洪救灾第一线，协助乡政府发放救灾物资，安置灾民，抢修道路和高压线路，安抚灾民情绪。1991年11月，共青团宣城地委授予许明“宣城地区抗洪救灾模范青年”“宣城地区新长征突击手”称号。

1992年1月，许明当选家朋村党支部副书记，是支委中最年轻的干部。磡头村水街建设、连片建房、建桥，发放救灾款、救灾粮都有他忙碌的身影。在上级政府和社会各界人士的捐助支持下，经过全体村民的努力，1992年4月30日水街建设全部竣工。

1997年1月，许明当选家朋村党支部书记。上任伊始，他就妥善解决了家朋村个体油坊因经营严重亏损，拖欠450户村民兑油的纠纷难题。

1999年，他和村两委积极争取外援，组织施工，建成涧洲路至永安桥路灯工程，完成三公塘外的引水渠塌方修复、农网改造等。

1999年3月村委换届，许明当选为村民委员会主任。因他心系村民，正直守信，能力出众，此后又连续当选。

2003年，仙人庵国有林山失火，许明身先士卒，带领村干部和100多村民，经过两天一夜的奋战，及时扑灭山火。此外他还组织并参加三十八号桥至和阳公路二期工程房屋拆迁及土地征用丈量等工作，为和阳等边远山区“三通”作出了贡献。

2004年7月底，山云公路出现大面积塌方，绩溪至荆州交通受阻，县交通部门和家朋乡政府要求许明组织村民尽快抢修道路，恢复交通。8月4日，许明在组织抢修中，因突发山石坠落殉职，年仅41岁。

三、村中能工巧匠

许桂年 （1884—1954）磡头许氏十八世。自幼家贫，学习石匠手艺，技能高超，学徒众多，是十五都出名的石匠师傅。他参与建造的葫芦潭桥（天济桥）、戈溪桥（普济桥）、梓棚桥等，历经百年风雨仍稳如磐石，造福当地百姓。许桂年也因此树立了较高的威望。

许沛苍独资兴建葫芦潭桥时，流传着一个小故事：由于工期紧张，建造时由浙江昌化和磡头两支石匠队伍同时施工，分别从两岸向拱顶施作。磡头的石匠队伍由许桂年领头，他们依靠精湛的技艺和团结协作精神，提前完工，折服了浙江石匠师傅。之后许沛苍的儿子许松馥牵头兴建戈溪桥时，又请来这两支队伍再次合作。许桂年成了绩溪十五都石匠艺人的杰出代表。

二十世纪二三十年代，绩溪、宁国、昌化境内的石匠师傅，许多是许桂年的徒子徒孙。他带的很多徒弟技艺都超过了他，但是这些徒弟们都敬佩他。

他不仅倾心带教徒弟，而且非常关心弟子们的生活，谁家有困难，他总是尽力帮忙；工程出了问题，他先顶着。

水碓下磨坊的上磨盘的麦子不下料，请来邻近的昌化师傅，仍解决不了，许桂年检查后发现了问题的症结，立马解决。建造戈溪桥时，许桂年把桥墩的每块石头尺寸都标上号，按部就班对号堆砌，分毫不差，确保了工程进度和质量，连作为竞争对手的浙江师傅也非常佩服。所以，在当时的十五都，如果许桂年自谦是石匠老二，没人敢争第一。

许桂年勤劳质朴、爱国爱家。抗日战争期间，他慷慨解囊，资助抗战。解放战争期间，他积极支持两个儿子灶清和家仲参加革命，触怒了国民党当局，1947年被抄家，流落他乡，但他始终无怨无悔。中华人民共和国成立后，他回到家乡，继续着他的石工专业，直至终老，享年70岁。（许林波）

许耀林 （1893—1983）又名家林，涧洲许氏十九世。他从事竹匠手艺70多年，做事严谨，手艺精湛，为人热情，是十五都一带公认的名师。许耀林一生带出学徒30多人，其中成为名匠的有许观芬等16人。

许耀林出生在磡头村一个极其贫苦的家庭。父亲许桂森（1872—1893），母亲江菊莲，周村人。长兄许跃恒（又名家衡）出生后，家庭负担加重，耀林还在娘胎里，父亲病逝，更是雪上加霜。生活没了着落，母亲只好给人家做小工、干苦活糊口。无工可打的时候，母亲就带着两个幼儿讨饭，还要照顾失明婆婆。遇到人家做“道神”，把米饭和贡品倒在桥头或十字路口，母亲如获至宝，带回家给全家人改善伙食。两个儿子在苦水里泡大，好不容易熬到十二三岁，兄弟俩被送去荆州学竹匠手艺，便于互相照顾。

穷人的孩子早当家。兄弟俩好学，又勤快，师傅十分喜爱，悉心传艺。3年后，兄弟俩出师了。跃恒在宁国做竹匠手艺，他做的竹编生活用具质量好又美观，忙不完的竹编活。耀林则选择在磡头做手艺，照顾着母亲和失明奶奶。

耀林手脚勤快，手艺精，给东家做事起早贪黑。一个工的事做完了，东家还拿来损坏的竹具让他修补。耀林从不吝啬力气，有求必应，哪怕做到天黑点灯，也要把额外的活做完做好。日积月累，耀林名声在外，被尊称为“耀林师”。他做的嫁妆竹器，如手提篮、针线管、小火熥、朱盖等既美观细腻，又结实耐用。请他做事的人往往从月初排到月底，很快在十五都声名鹊起，也引起了同行嫉妒。

一次，有位姓周的竹匠名师，故意让自己预约的两个东家之一私下另请耀林师做活。两位师傅同时在一个村做，都是编织嫁妆竹器，编织的件数相同，打擂台之意不言而喻。耀林师早知道周师傅的手艺超群，名气很大，当然也明白周师傅的用意。可是太阳一竿高了，他还没去上工，周师傅以为这个毛头小伙子不敢来了。出乎意料，耀林师是故意谦让周师傅。他不负东家厚望，比周师傅提前收工。篾活嫁妆细致光泽，人见人爱，赞不绝口。有一个男村民，故意找茬，说这新婚火熥好看不中用，要站在火熥上面试试。没想到小小火熥就像个木墩一样，一点都不变形。在场的人无不为年轻的竹匠师傅点赞。从此十五都竹匠再也没人敢与耀林师傅比高低。

还有一次，耀林师前一天做完竹编活去伏岭公社观前山村办事，第二天再步行赶回霞水村上工。观前山村离霞水村20华里，眼看太阳一竿高了，师傅还没到，东家很着急，担心耀林师完不成一天的活。耀林师赶到，看东家不高兴的脸色，便猜到了原委。他当天的任务是编织具篓（又名夹篓）。具篓是两个工一担，下午吃点心时他就编好了一只。东家看到编好的具篓光泽鲜艳，口圆底方，白白的篾皮箍绑扎在青篾圆沿口，整齐划一，青黄篾搭配错落有致，连连点头称赞。突然，耀林师随手将具篓往门前的深潭里一扔，具篓就像船一样浮在水面，滴水不进。左邻右舍的村民好奇前来观看，无不为耀林师的技艺折服，东家也开心地笑了。耀林师编具篓的故事，一传十、十传百地传开了，一直流传至今。

随着耀林师的人品、竹匠手艺声名远播，霞水村、梅干村的竹编活一做就是半年，出不了村。每家嫁女都要请耀林师编织竹器嫁妆，耀林师安排不过来，人家就到他家订购。耀林师享年91岁，到87岁高龄时还在做竹匠，牙齿全脱落后，不能撕小片篾了，他就用下巴抵住撕。耀林师把一生献给了竹编工艺，现在十五都的很多人家还保存着耀林师的作品，且深深怀念这位竹匠艺人。（洪新民　许利祥　许雷　许明岩）

许枢焴　（1900—1982）涧洲许氏十八世，学名克仁，字乐山，一号幼松，别号寿山。

许枢焴肄业于绩溪县县立第一高等小学。他一生务农，聪明，好学，勤奋，善良，乐于助人，擅长制作糕点、冻米糖，深受邻居欢迎。

许枢焯爱好戏剧，尤其是对京剧艺术情有独钟，自学成才。在曲牌、导演、唱念做打、化装、伴奏诸多方面颇有造诣，在十五都一带享有盛名，被尊称为“枢焯师”。他年轻时受村里的委托购置戏剧服装、道具，逢年过节就拉起班子排演传统剧目，中华人民共和国成立后顺应潮流开始排演现代剧，每年春节都要演出1～3场戏剧，为村民们带来欢乐。

二十世纪七十年代，县里年年举办“丰收杯”文艺会演，许枢焯带领磡头村民参加了五次会演，皆获好评。八十岁高龄时，他还指导排练节目，在县文化部门的支持下，他挖掘失传的徽剧昆腔《引凤舞》剧目，让古老的徽剧非物质文化遗产得以流传。

许枢焯一生有六十多年参与文艺演出，累计达一百多场次。他对戏剧的痴迷深入到了骨子里，为繁荣乡土文化作出了很大的贡献。（许传成）

方一可（1913—2003）笔名方指南，安徽省绩溪县家朋乡磡头村人。绩溪名儒方竹的后裔，是磡头村“来苏堂”药店传承人，坐堂中药馆。二十世纪五十年代任公私合营药店经理。一生致力于悬壶济世，执着书法。

他从小勤奋好学，有慧根和悟性，得到父亲耳提面命，言传身教。又善于刻苦钻研，苦读《本草纲目》等中草药古籍。不仅熟练地依据药方抓药，还会用中草药治疗疑难杂症、无名肿毒、痈疽等。慕名请他诊治的病人，络绎不绝。他从不收诊费，能用草药治疗的，无偿告知草药特征、用法、注意事项，不花一分钱就能治好病。久而久之，方一可与他的药铺名声远扬。

来苏药堂声名鹊起。他在管理好药店之余，一有时间，便练习书法。他用黄表纸、旧报纸临摹古代碑帖，勤奋刻苦，乐此不疲，久久为功，自成一体，擅长榜书，书风独具一格。其作品曾多次荣获全国书法奖；85岁高龄还在绩溪县文化馆举办个人书法展；“英雄许家朋永垂不朽”烈士墓碑、宣州区“鳌峰桥”榜题、“周氏宗祠”匾额等都留下了他的神笔。

他热心助人，曾多次资助贫困学子、修建村里基础设施；为特困家庭无偿提供治疗；无数次为村民义务书写对联、墓碑刻字、农耕用具署名。人们称他是一位品德兼修的大善人。书法家许家斌先生赞美他是“一贯不是无聊客，可以当作好闲人”。（方清）

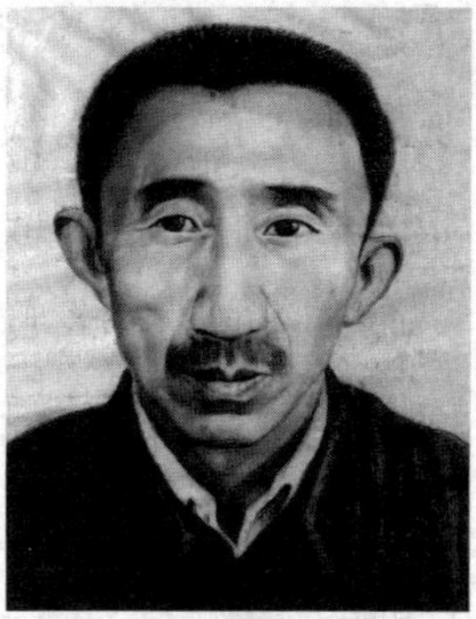

许大德 （1935—2003）又名家德。他住在磡头村狮子墩19号，是磡头许氏始祖许泰来十九世孙，远近闻名的铁匠。他打造的斧头、镰刀、锄头、筑田塍耙、五齿耙、菜刀等铁器农具、生活用具深得周围村民的喜爱，尤其是手工制造、修理护秋土铳作为他的拿手一绝，猎手们经常慕名而来。

大德师是许桂森（一名颂鱼）的独生子，家德是他的排行名。许桂森是古村磡头小有名气的铜匠，当时生产力低下，“卖田卖地，卖不掉手艺”，有手艺，就有了“铁饭碗”，父亲希望子承父业，儿子能继承自己的衣钵。大德是个孝子，小学毕业，辍学学艺。父亲的言传身教，让他很快学会了铜锁、铜壶、铜瓢、包烟筒等农村铜器具手工锻造、修理技术。

可大德并没把全部心思用在铜匠手艺上。他自幼耳闻磡头村许氏始祖泰来公，是远近闻名的铁匠，在汪丛园村开铁匠铺，打造的农器具供不应求，遂从云川村（现霞水村）迁来磡头猎神坛居住，开创了涧洲许氏的新纪元。大德崇拜始祖，于是有了改行做铁匠的念头。一有时间他便去村中铁匠铺看打铁，偷学铁匠手艺。识料、取料、铁钢融合、观察火候、各种器具淬火无不心领神会。父亲看他一心喜欢铁匠手艺，“一阉猪，二打铁”，就同意儿子做自己喜欢的铁匠手艺。“磡头坎，上床三档坎”，意指这里土地贫瘠石头多，铁器农具易消耗，不愁没有事做。许桂森鼓励儿子：“要改行打铁，就要像泰来公那样，在磡头筑牢根基！”

大德满心欢喜，遂在磡头赤豆街开起了铁匠铺。开业那天，好多人来看热闹。人们议论“一个铜匠想开炉打铁，没有拜师学艺，怕是异想天开吧？”附近几个铁匠铺师傅也想看笑话。大德心想，不拿出点真本事出来，在磡头村铁匠行业中是无法立足的。他用干净的木炭生炉开打，各工序衔接紧凑，千锤百炼，锤锤紧密、均匀，理钢厚薄匀称，火候恰到好处，形状耐看美观。那些看门道的铁匠师傅们不由得翘起拇指称赞，“这个小伙子真聪明”！从此，人们再也不敢小看这年轻的铁匠了。

大德制作的农具、生活用具保证质量，如有软口、夹灰、掉缺，一律退回，分文不取。村民们拿回去试用，好家伙！大家用后普遍公认，刀具锋利无比，硬度恰到好处，农器具好用、实用、耐用。一传十，十传百，大德声名鹊起，铁具供不应求。十五都一带是深山区，山上动物多，农民们为了护秋，许多人家配备土铳，经常坏了没地方修，就找到大德师，请他帮忙修土铳。大德摸索着修理，他把角钢打成厚薄匀称约3毫米长方形的条状铁板，用圆木棍做成12毫米左右的圆柱，把烧红的铁皮10毫米、10毫米地螺旋状绕成80毫米长的圆筒。精加工后，再做套装尾部，做好扳机（击发器），用木头做成杆子，就成了非常好用、耐用的土铳。他做的击发器中的主要部件，Y型扁担（起弹簧作用）经久耐用，没有人可以取代。十五都的猎户闻讯而来，县内山区狩猎人和宁国县山区狩猎人，也都慕名来修扳机、做土铳。在当时没有猎枪、缺无缝钢管的年代，大德师为边远山区解决了护秋问题。因此，名声远扬。

久而久之，大德师不仅在磡头村铁匠队伍中立稳了根基，而且成为远近闻名的铁匠艺人，想跟他学徒者众多。他的徒弟周兴海回忆，师傅做事很认真，从木炭选料，铁、钢选材，到成品淬火，每一道工序都一丝不苟。上村民家中做事，也比其他铁匠做得活好量多。用户都喜欢他。一位不愿透露姓名的80多岁老人告诉我，他家“现在有一把大砍柴刀，用了40多年，还是原样子，刀石上一磨就锋利，用了多天不用磨”。村民许碧波告诉我，他家有一把大德师工锻造的斧头，锋利、坚硬，非常好用。大德师不愧是礳头村有记载以来，许泰来铁匠的后裔之秀，一个受人们敬重的好工匠，好传人。

大德师为人友善、热情，始终严把质量关。在产品供不应求的情况下，坚持低于同行价格。他用淡薄之心雕琢平凡，用精益求精的精神锻造传世精品，用良好的道德品行塑造了礳头村优秀工匠的形象，留下了不朽的口碑。

许灶柱（1937—2021）享誉十五都的爆竹艺人。灶柱制作的爆竹窜得高、炸得响，而且不会出现“炸手”和“哑炮”，引线燃烧速度均匀，极少出现断燃现象，产品供不应求，名声在外。

礳头是十五都的中心村，历史上的祭祀活动、节庆活动以及婚丧嫁娶都要燃放爆竹和鞭炮，这就催生了许多爆竹作坊和制作爆竹的艺人。许灶柱自幼身材矮小，身体瘦弱，家庭又十分清贫。十三四岁，父母让他去五里外的坑上村跟着程守照师傅学做爆竹、鞭炮。灶柱吃苦耐劳，勤奋好学，一天到晚埋头学艺，沉默寡言。但是他很细心，注意观察，反复揣摩关键技术，掌握了技术要领，出师后就在礳头村家中开起了爆竹作坊。

爆竹、鞭炮行业投资成本少、利润高。只要一台木制拉筒工具，许多原材料可以就地取材，市场上的硝酸钾、硫磺价格不高，随地可以买到。无论晴天、雨天，忙时、闲时，无论老弱、病残，只要掌握了基本技术都可以生产。在生产力低下的年代，这是一个养家糊口的好行当。市场需求量大，产品紧俏，因此，古村磡头爆竹作坊不断壮大。

灶柱师制作爆竹鞭炮选料精良，做工精细，严把质量关。譬如原材料选用：要清一色的杉木炭；硝酸钾要经过46度的水温，离析杂质；拉成的爆竹筒子，要求紧实，下半部一定用一层笋壳卷层（这样做成的爆竹不会炸手）；爆竹升空用硝（称直硝）和空中爆炸用硝（称横硝），严格控制硫磺、硝酸钾、木炭配比；1.2尺长的引线粗细均匀、燃烧时间为35秒，不能有丝毫的差错；爆竹的内引线和外燃线的长度都有严格规定；爆竹的直硝封口和横硝封口压实强度不一样，直硝与横硝之间用红泥隔开，中间用引线连接，不能有破损（否则只有一响）……灶柱师日复一日，年复一年，持之以恒。他制作的爆竹合格率总是保持100%，从未发生过安全事故。

2000年，绩溪县人民政府加强对烟花爆竹个体作坊的安全管理，全县成立了岭南、岭北两个花炮公司，许灶柱被指定为两个花炮公司引线唯一专供户。岭南、岭北花炮公司使用他的花炮引线合格率100%，足见他的手艺之好。

岭南花炮公司，由80多户专业个体作坊组成，主要集中在磡头、坑上、和阳村一带。这项传统的手艺让众多从业者走上了富裕道路，但是因质量控制把关不严，良莠不齐，事故时有发生，甚至出现了人亡屋毁的重大损失，教训十分深刻。国家颁布了加强烟花爆竹生产安全管理政策后，古村磡头花炮作坊从此歇业。但是，许灶柱师傅留下的追求安全，追求卓越、讲究信誉、质量第一、服务社会的精神，成了宝贵的财富，

爆竹手工拉筒架

它必将成为推动家朋乡个体私营企业健康前行的动力。

许金德 （1938—2014）小学文化。石匠在“磡头坎，上床三档坎”的古村磡头，是一个再普通不过的行当。他却用一个铁锤和一堆铢铲（又叫錾子），在石匠艺人如林的磡头村，凿出了口碑载道的人生。

他出生在家朋乡梅街村一个穷苦的家庭，从小天资聪颖，伶俐过人，人见人爱，被磡头村富商许梧华相中继嗣。二十世纪五十年代初，因养父被划为地主成分，他受到连累，政治地位低下，只好选择学石匠手艺。

石匠讲究“出山料（自然石用人工分片）、上马做、弹线放样、出粗坯、刨、上錾锤……”等程序。金德跟着师傅方殿元专注学习，不仅把每个步骤牢记于心，晚上睡觉，还在琢磨石匠的每道工序和技巧。跟随师傅三年后，他手艺日臻娴熟，做工精细，雕刻栩栩如生。他做的墓葬成品石料、石门檐等石工制品，横平竖直、上下错缝、内外搭接、錾锤功夫无一不是同行间上乘水平，在磡头村石匠艺人中小有名气。

1975年，许传成设计并承建许家朋纪念碑，金德被聘为石匠把关师傅。他精心挑选碑石，每一块石料材质，雕刻的线、角、字严格把关，严格检查。许金德曾告诉我，石碑主体每一块石料的榫卯都亲自雕凿。石块组装后，尺寸、水平、垂直、平整度、上下错缝十分准确。“英雄许家朋永垂不朽”主体碑，正背面碑文一气呵成。人们瞻仰纪念碑，无不为石匠艺人的精湛水平点赞。

“许家朋烈士生平简介”434个小楷字雕刻，难度更大，许金德是不二人选。他把铁锤、铢铲、心、眼、功融为一体，精心雕刻每一个字。镌刻完成后，书写碑文的汪家店村葛金华看了作品，竖起大拇指说“与我写的笔画不差丝毫”。

砌头人承包的大型公路石拱桥，都少不了石匠艺人许金德掌舵。如家朋乡境内50米跨径戈溪公路石拱大桥、瀛洲乡巧坑河石拱桥等。1994年，绩溪县宣徽建筑工程有限公司承建三雕博物馆修缮工程，他担任石雕修复工作专匠。

许金德，不仅石匠手艺出众，而且热心公益事业。二十世纪七十年代之前，村里搭台唱戏是春节娱乐的主要活动。每年排演都少不了他这块“万能布”，吹拉弹唱，导演、化装样样内行，哪里需要就出现在哪里。村中婚丧大事，谁家有难事，他都主动义务帮忙。在熟悉许金德的人们心中，早已刻下了他那德艺双馨的芳名碑。

张传胜 （1939—2013）中西医结合及医学影像主治医师。

他出生于砌头村一个世代务农的家庭，自幼体弱。初中毕业后为生活所迫，他拜同村人军医许家伟为师学习西医术，后又师从王乐甸学习中医。二十世纪七十年代，为提高山村的医学诊断水平，他冒着X射线对身体影响的风险，主动向上海医疗队学习进修医学影像技术，组建当地首个X线放射医学影像科室，很大程度上方便了老百姓就医。他苦读医书，躬身实践，经过多年的磨砺，终于成长为当地小有名气的主治医师。张传胜腰有残疾，但丝毫不影响他的医者仁心，他常背着药箱爬山越岭，起早摸黑，为山里群众送医送药。他不嫌脏、不怕累，赢得了大众的赞扬。

他自幼喜欢书画，读初中时就跟着汪其忻、邵灶友等高年级同学学习临摹画画，初步涉猎书画殿堂。在医院工作之余，不忘学习书画的初衷，他的药箱里总装着一个写生的小本子，平时出诊走到哪画到哪。磡头的灵山秀水给了他丰富的写生素材，触发了他创作的灵感。后经安徽书画协会会长章飚先生推荐，他加入安徽省书画协会、国家书画协会。

张传胜书承颜柳，画临抱石，又得挚友师松龄、王乐匋等名家的指点，将中医的阴阳哲理、虚实理论融入书画创作中，几十年朝夕研摩，笔耕不辍，形成了自己的独特风格。他的书法洒脱奔放，粗犷中有清秀，妍丽中不乏挺拔，如行云流水，似莺舞蛇惊。他的国画紧紧把握农村题材，贴近生活，洋溢着浓郁的乡土芬芳。1997年元旦，绩溪县文化馆推出“张传胜书画展”，展出张传胜精选的50幅作品。这是县文化馆第一次推介一位来自绩溪山里人的作品，吸引了无数书画爱好者。

他又是一名“票友”，十分喜爱戏剧，是磡头村戏剧团的布景画师。几十年里，他坚持义务为戏剧演出画布景，那些布景成为戏剧舞台上最靓丽的特色。

许家齐 （1941—2017）乳名添志，绩溪县家朋乡磡头村人，绩溪县书画家协会会员，被誉为“农民书画家”。

许家齐的亲生父母无人知晓。养父许志成，家住磡头下村，养母汪顺香，本县尚田村人。养父母以经营水碓和做一点小买卖为生，家境比较殷实，但年过40仍膝下无子。一天凌晨，夫妇俩隐约听到大门口似有婴儿啼哭声，开门一看，一个被包袱包裹的婴儿放在门坎上。夫妇俩高兴万分，遂为孩子取名为许家齐，疼爱有加，视如己出。可天有不测风云，中华人民共和国成立后不久，养父就因病去世，养母身体也不好，生活日趋艰难。

许家齐从小喜欢听养父和老辈人讲磡头村的故事。上学时，他成绩很好，尤其喜欢画画，并显露出较高的天赋。但因生活所迫，许家齐初中毕业，就挑起了家庭的重担。成家后，他的妻子方西平身体不太好，才40多岁，就撒手而去。两个孩子靠他一手带大。家齐年过五旬，孩子们成家分开生活后，才稍有空闲。劳动之余，儿时的爱好又涌上心头。他开始自学画画。他为人谦虚好学、悟性很好，与人交往真诚坦率，又很尊重人，很快就结交了不少书画界的同行。村人章太岩爱好书法，常与他切磋书画艺术。许家齐刻苦学习，以磡头村的自然景观为师，绘画水平很快有了较大的提升。

2008年，中国举办北京奥运会，绩溪是火炬传递县之一，全县各地都举办了丰富多彩的庆祝活动。在绩溪县老年书画协会举办的一次画展中，许家齐送展的一幅“古磡头村水街图”引起了极大关注。这幅画长约4.8米、宽约0.7米，形象地再现了古磡头村水街繁华热闹的景象。这幅画是他儿时听老辈人的讲述和他对磡头水街的实地了解后用一个多月的时间创作而成。画中小桥、流水、人家和沿街店铺井然有序，近百个人物形象生动逼真、惟妙惟肖……许多书画界的同行看后直夸这是磡头村的“清明上河图”。家朋村的乡亲们也都引以为豪。当时就有外地的企业家出高价收购，可许家齐不为所动，他想的是为宣传家乡做一点实事，留点文化遗存。后来，应本村企业家许家德的一再要求，这幅画被保存在“许氏博物馆”。2020年，磡头村启动重修《涧洲许氏宗谱》，采用了家齐画的《古磡头村水街图》，将其传之后世，功德无量。

许家齐还应瀛洲镇浒里村一位朋友之邀，以坑口、浒里一带的村庄和人文景观为素材，画了一幅极具收藏价值的“登源上河图”。

许家齐晚年主要以画画、卖画为生。他的画取材于当地的一些风光景色，以创作和临摹相结合，古朴典雅，别具一格，《农民日报》《宣城日报》《安徽老年报》等报刊都曾报道、刊载过他的创作历程和书画作品。

（舒善龙）

附录 1　家朋公社水灾报告

中共绩溪县家朋乡委员会文件

家发1991　第25

关于"七二"特大洪灾的报告

中共绩溪县委、绩溪县人民政府：

我乡七月二日上午八时至十三时连续中雨，从十四时至十八时连续大到暴雨，降雨量大，造成了大规模的山洪暴发，是我乡有史以来前所未有的，给人民生命财产带来了严重的损失，据初步统计：

受伤人数5人，冲走大小牲畜（猪、牛）共480头，房屋倒塌535间，电站（18千瓦）1个，兴武纸厂被冲，木材加工厂倒塌，供销社被淹，冲毁油坊两个，粮食加工厂5个，猪牛栏310个，冲走家中粮食100吨，冲毁水田3000亩，其中无法挽救的1500亩，冲毁旱地等700亩，山塘1处，榨坊1个，大小石桥85座，公路被

2

冲毁2公里，乡村道路20公里，高低压线路30公里，广播线路25公里，中学冲毁厨房一个，女生宿舍4间，从上情况极为严重，直接经济损失达800万元，请县委、县政府及有关部门即派人员前来我乡核灾，并及时给予援助。

特呈报告。

1991.7.2.

抄送：县防洪抗旱指挥部、农经委、民政局生救办、水电局、粮食局、财政局、农牧渔业局、老贫办、供电局。

附录2 磡头村重建家园碑铭

磡头村始建于明朝洪武年间，历时六百余年，是一座古朴、幽雅的文明古镇。村落依山傍水，素有“六桥、八景、三屏、五墩”，被建筑学家誉为“徽派民居建筑博物馆”，属“省级文物保护村”，又是“中国人民志愿军特等功臣、一级战斗英雄、朝鲜民主主义人民共和国英雄”许家朋烈士的故乡。

一九九一年七月二日，山洪暴发，河水泛滥，洪水冲毁了古拱桥五座，水街一千三百余米，古民居二百九十二间，连明代万历五年皇封许时润“百粤司平、元戎分理”石牌坊也被冲倒，洗劫空前。

灾后，省、地、县政府领导多次视察灾情，鼓励村民自力更生，重建家园。县政府以工代赈拨款二十九万；港、澳、台胞捐资建房款二十万二千元。经年许，共修复水街路塝一千三百三十二米；混凝土路面一千米；条石路九百米；水磡十五座；兴建石拱桥五座（其中，台胞汪光俊先生捐资建桥一座），混凝土平板桥四座；河岸护栏七百一十米；护塝拦河坝二十座；石踏步一处；河道由原来六米拓宽至均宽八米五。

重建后的磡头村，古貌新颜，更具丰姿。特镌碑文，永铭后世。

家朋乡人民政府

一九九二年冬立

附录3 家朋乡家朋（磡头）村“两委”干部登记表

2022年6月制表

姓名	职务名称、职务	任职时间	委员	备注
许大顺	农会主任	1949年	许明海、许根如、许海根等10人	会议录
许根如	村长	1949年	许明生副村长，许仲英秘书	会议录
唐世益	农会主任	1949.10.3	许锦善副主任，李振铎秘书，胡如钧、许韵眉、许椿元、许观璋、许枝全委员	汪公庙开会记录
许树有	贫农团团长	1949.10.3		会议录
许根如	村长	1949.10.3	许筱虎副村长，许吉庆、许日维、许成元、许洪模、许燮元、唐昭元委员，许仲英秘书	会议录
许德富	村长	1950.1.6	（注：许根如因工作不力等原因改选）	会议录
许燮元	村长	1952.3.19		会议录
许日昇（新）	磡头乡委书记（脱产）	1953年	许留花副乡长，胡周义、许玉花、汪助榴、葛春香、许荷花委员	档案 照片 调查
许日如	乡长	1953年		
王家统	党总支书记（脱产）	1954年		登记表
许日如	乡长	1954.3.11	章保其、许锦发、唐世益、许明生、许传法、王家统、周灶仙、许桂汉、许长榴、许观璋、殷付珍	会议录
许家根	副乡长			

续表

姓名	职务名称、职务	任职时间	委员	备注
王家统	磡头乡支部书记	1955.4.4	许日昇组委，许家珍宣委，许安恒保卫，许根如互助互合委，许洪生青年委员	会议录
胡长安	副书记			
许日昇	联社主任（脱产）	1955.3.31	许安清、王家统、许传富、许明生、许法根、许根如、唐满志、许桂汉、胡长安、许灶前，下设三个组：许根如生产技术研究组组长，组员（略）；胡长安副业组经营组组长，组员（略）；许安清绘制研究组组长	会议录（注：组员略）
许日如	联社副主任			
王家统	总支书记	1956.1.28		
许家甫	胜利社正支书	1956.12.7	胡德荣组委，许榴花宣委兼文教，唐满志监察委，许桂汉武装保卫，许根如生产合作	会议录
许桂炳	胜利社副支书			
许家甫	支书	1957.3.28	唐满志、许全汉、许根如支委	会议录
许桂炳	副支书			
许家甫	胜利农业社支部书记	1957年	胡德荣，24岁，组委、驻社干部、支部教员 许根如，54岁，互助合作委生产队长 唐满志，32岁，监委、监察主任 许桂汉，46岁，保卫委、副社长 许榴花，20岁，宣委兼卫生、副队长	会议录
许家甫	支部书记、乡人委、社长	1957.7.11	许桂炳磡头上生产队支书，许明俊队长，许槐杰会计，许锦信磡头下生产队支书，许洪海队长，许照法会计，许明俊组长、副社长	登记表
许桂炳	支部副书记副社长			
许桂达	支部副书记			

续表

姓名	职务名称、职务	任职时间	委员	备注
许桂炳	磡头上生产队支书	1958年	许明俊队长，许槐杰会计	三乡合一
许锦信	磡头下生产队支书		许洪海队长，许照法会计	
许家甫	社主任	1958.3.38	许家钱委员兼出纳（聘请）	家朋社党支部报表
许桂炳	副主任			
许桂汉	副主任			
许桂炳	上节生产队负责支书	1958.12.28	三乡合一，磡头区分12个支部，乡党委任命	文件任命
许锦信	下节生产队负责支书			
许桂汉	方郊村生产队负责支书			
许灶元	乡委书记、乡人委、主任委员		磡头乡评议委员会组织名单	磡头分6个社
王家统	乡人委、乡长、副主任委员			
许家甫	家朋社社主任、委员			
许加生	家朋社，乡人委、委员			
许明俊	家朋社支书监委	1958.5.9	许灶远，33岁，宣委、政治社长 许法根，29岁，组委、队长 胡长和，55岁，生产委、副监委 许观清，33岁，委员、副队长 汪助榴，26岁，青妇委、副社长	干部配备登记表
许明永	家朋社副支书			
许桂汉	方郊村生产队支书	1958.12	胡农和、汪助榴	登记表
许明俊	磡头一生产队支书	1958.12	许家钱、殷观清	登记表

续表

姓名	职务名称、职务	任职时间	委员	备注
许桂炳	磡头二生产队支书	1958.12	许根如、许法根	登记表
许根如	磡头二生产队村委会主任	1958年	许树有，队长、委员 许桂炳，社长、委员 许灶如，队长、委员 许树铨，会计 许锦明，队长、委员 许加生，社委、委员 许传法，民兵队长、委员	登记表
唐世益	副主任			
许法根	副主任			
张韵时	副主任			
许明永	磡头大队方郊村生产队村委会主任	1958年	许洪海，队长、委员 胡上有，副队长、委员 许桂汉，副社长、委员 胡效法，统计员、会计 葛春香，队副、委员 胡杏霞，队副、委员	登记表
叶大目	副主任			
胡安如	副主任			
胡小根	副主任			
汪助榴	副主任			
许家钱	磡头一生产队村委会主任	1958年	唐晚时，团支委、委员 许观清，队长、委员 许灶统，队长、委员 许桂助，队长、委员 许成安，社委、委员 许华杰，统计员、会计 许明俊，党支书、委员	登记表
许灶桐	副主任			
许全利	副主任			
许菊时	副主任			
许明俊	上节生产队队长	1958.12.23	许树铨，会计员	公社任命
许家钱	下节生产队队长	1958.12.23	许槐杰，会计员	公社任命
许洪海	方家村生产队队长	1958.12.23	胡少法，会计员	公社任命

续表

姓名	职务名称、职务	任职时间	委员	备注
王家统	支书	1962.12.24	许和，会计 许传寿，出纳 胡少发，粮管员 唐世华，监委	干部登记花名册
许明俊 许桂助	副支书			
许桂炳	大队长			
汪助榴 胡杏花 许桂汉	副大队长			
王家统	正支书	1963.12.28		党员花名册
许桂炳	大队长			
许桂助	副支书			
许日昇	队委			
王家统	书记	1964年	许传法、许利兵、许和	大队干部登记表
许明俊	副书记			
许桂助	大队长			
许明永	副大队长			
许传法	民兵营长			
许利兵	团支部书记			
许　和	会计			
王家统	组长	1968.9，成立家朋生产大队革命领导小组	许明俊、许安清、许杏萍（女）、许家山、许水和	家革字（68）第23号
许大前 许桂助 汪助榴	副组长			
许家庆	家朋大队革委会主任委员	1969.3.13—1970.5.12	许明俊、许家山、许桂助、许和、汪助榴	公社批复
王家统 叶大年 胡求花	副主任委员			
叶大年	支部书记	1968—1970	王家统、胡求花等	

续表

姓名	职务名称、职务	任职时间	委员	备注
王家统	家朋大队革委会主任	1970.5.7	许大前、许日升	
许传法	副主任	1970.5.7		
王家统	支部书记	1970—1974.4		
许家钱 许大前	副支书	1974.4		
许大前	主持支部工作	1975.3.8	许民俊、程临善、许传法、汪助榴、许桂助、许锦信	文件
许家钱	副支书兼革委会主任			
王家统	副支书			
许大前	支部书记	1977.10.19	许明俊、程临善、汪助榴、许锦信、许日升、许传法	文件
王家统	副书记			
许家钱	副书记			
许大前	支书	1980.2.7	王家统、许锦信、许日升、许桂炳（副主任）、许传法、章爱琴	文件
许家钱	副书记（村主任）			
许明俊	副书记			
许大前	书记	1983.4.7	许日升、王家统、章爱琴、许桂炳（副大队长）、许传法	登记表
许家钱	副书记（大队长）			
许明俊	副书记			
许传礼	村委会主任	1984年换届		
许传成	支书	1985.12.31	胡周林、许安民、许传法、章爱琴	登记表
许家云	副支书（副村长）			
胡国光	副支书			
许大前	支书	1986.1.28	许传成、许家荣、许传法	文件
许传礼	村委会主任			
许安民	副支书			

续表

姓名	职务名称、职务	任职时间	委员	备注
许传礼	村委会主任	1987年换届		
许安民	支书	1988		调查
章大岩	副支书			
许安民	支书	1991.12.9 — 1993.3.26	许传成、许家荣、许传法、 许大前（转企业支部）、胡胜利	登记表
章大岩	副支书			
许传礼	村委会主任	1989年换届		
章大岩	副主任			
章大岩	村委会主任	1993年换届	许胜雄、许少含、许朋飞、许奔龙	
许传礼 章基保	副主任			
许传成	支部书记	1994年换届	章大岩、许明、许家荣	
章大岩	村主任	1996年换届	许胜雄、许奔龙、许体平	
许利民	副主任			
许　明	支部书记	1997年换届	胡黎阳、许朋飞、汪小娥	
章大岩	副书记			
许　明	村主任	1999年换届	章大岩、许胜雄、 许体平、许利	
许利民	副主任			
章大岩	支部书记	2000年换届	许明、胡黎阳、戴家飞、许体平	
许　明	村主任	2002年换届。2004年8月，许明因公殉职。许利民主持工作。	许胜雄、唐德有、许体平	
许利民	副主任			
章大岩	支部书记	2002年换届	许明、许利民、许胜雄	
许利民	村委会主任	2005年换届	许胜雄、唐德有、许体平	
章大岩	支部书记	2005年换届	许利民、许利	
许利民	党支部书记	2008年换届	许利、许胜雄	

续表

姓名	职务名称、职务	任职时间	委员	备注
许　利	村委会主任	2008.3—2011.8	许胜雄、唐德有	
许　利	村主任	2011.8—2014.7	许道华、许体平	
许利民	支部书记	2011.7—2014.6	唐德有、许利	
唐德有	支部书记	2014.7—2018.6	许体平、许雷	
许智伟	村主任	2014.8—2018.7	许道华、江碧玉	
唐德有	总支部书记	2018.7—2021.11	许体平、许雷	
许智伟	村主任	2018.8—2021.12	许道华、江碧玉	
唐德有	总支部书记	2021.11至今	许灶木、江碧玉、许雷	
许智伟	总支部副书记、村委会副主任	2021.12换届	许道华、江碧玉、周晓慧	

资料来源：时任家朋村党总支部书记、村民委员会主任唐德有提供部分村干部任职资料；2022年6月9日至11日，许大前、许水淦、洪新民于绩溪县档案馆查档；2023年12月6日，家朋村党总支核实完善。

说明：归档案卷受限诸因，难免疏漏，待后人贤达完善。

附录4 家朋中学、家朋学校校长（负责人）任职一览表

2023年7月9日制表

姓名	任职时间	校名	校址	备注
许传国	1958年4月	磡头农业中学	许传国屋院内	
许传国	1958.8—1959.6	家朋公社农业中学	东山营	
许传国	1959.6—1962.6	家朋初中	胡家村九亩坦	又称“绩溪四中”
章柳时	1966.8	家朋农业中学	许传国屋院内	
方社松	1969.9—1972.4	绩溪中学分校	东山营	
方徽星	1972.4—1978.8	绩溪县家朋中学	大石桥（又名石巷口）	
唐舟元	1978.8—1979.8	绩溪县家朋中学	大石桥（又名石巷口）	
高广铨	1979.8—1980.8	绩溪县家朋中学	大石桥（又名石巷口）	
许宗明	1980.8—1982.8	绩溪县家朋中学	大石桥（又名石巷口）	
程日定	1982.9—1985.8	绩溪县家朋中学	大石桥（又名石巷口）	
周明助	1985.8—1989.5	绩溪县家朋中学	大石桥（又名石巷口）	
张玉木	1989.5—1991.8	绩溪县家朋中学	大石桥（又名石巷口）	
洪新民	1991.8—1993.8	绩溪县家朋中学	大石桥（又名石巷口）	
周铁林	1993.8—2001.8	绩溪县家朋中学	大石桥（又名石巷口）	
汪平毅	2001.8—2004.4	绩溪县家朋中学	大石桥（又名石巷口）	
许青山	2004.4—2005.8	绩溪县家朋中学	大石桥（又名石巷口）	
程文格	2005.8—2010.8	绩溪县家朋中学	大石桥（又名石巷口）	
汪贤有	2010.8—2013.8	绩溪县家朋学校	大石桥（又名石巷口）	
程文格	2013.8.27—现在	绩溪县家朋学校	大石桥（又名石巷口）	

附录5 家朋中心小学校长（负责人）任职一览表

2023年7月9日制表

姓名	任职时间	校名	校址	备注
许　威	1919—1920	私立日新国民学校	许氏宗祠	1-4年级
许松馥	1923—?	私立云川小学	许氏宗祠	
许家振	1928—1930	云川初级小学	许氏宗祠	许松馥名誉校长
许家宝	1934—1935	私塾	崇也堂	开办新学
许家振	1935	绩溪县立云川小学	许氏宗祠	完全小学
许家斌	1936	绩溪县立云川小学	许氏宗祠	
周明尘	1937.8—1939.8	绩溪县立云川小学	许氏宗祠	
高耀笙	1939.8—1941.7	绩溪县云川短期小学	许氏宗祠	
胡耘圃	1941	绩溪县戈溪乡小学	许氏宗祠	
穆正仁	1942	绩溪县戈溪乡小学	许氏宗祠	
周明尘	1943	绩溪县戈溪乡中心小学	许氏宗祠	
汪光福	1944	戈溪第一中心小学	许氏宗祠	二小设竹里
周明尘	1947	绩溪县立云川小学	许氏宗祠	
汪则刚	1948上半年	绩溪县复兴乡中心小学	许氏宗祠	
许家陶	1948年下半年	绩溪县复兴乡中心小学	许氏宗祠	
周　渤	1949.10	绩溪县磡村小学	许氏宗祠	
张正文	1950—1955	绩溪县磡头村小学	许氏宗祠	
胡宏兴	1956	绩溪县磡头村小学	许氏宗祠	
洪味斋	1957	绩溪县磡头村小学	许氏宗祠	
耿焕龙	1957.8—1958.8	绩溪县磡头村小学	许氏宗祠	

续表

姓名	任职时间	校名	校址	备注
汪影鹤	1958－1960	绩溪县家朋小学	许氏宗祠	
葛金华	1961—1963	绩溪县家朋小学辅导区	许氏宗祠	
高广铨	1964—1966	绩溪县家朋小学辅导区	许氏宗祠	
程银善	1967—1970	绩溪县家朋小学辅导区	许氏宗祠	文革副组长 主持工作
高广铨	1970—1978.8	绩溪县家朋小学辅导区	许氏宗祠	
葛金华	1978.8—1979.7	绩溪县家朋小学辅导区	许氏宗祠	
高子雄	1980.8—1981.7	绩溪县家朋小学辅导区	许氏宗祠	
胡德泽	1981.8—1987.7	绩溪县家朋小学辅导区	许氏宗祠	
方名鹤	1987.8—1990.7	绩溪县家朋小学辅导区	许氏宗祠	
程灶桃	1990.8—1992.7	绩溪县家朋小学辅导区	许氏宗祠	
程步青	1992.8—2006.7	绩溪县家朋中心小学	许氏宗祠	
汪贤有	2006.8—2010.8	绩溪县家朋中心小学	许氏宗祠	

注：因历史资料受限诸因，难免疏漏，期待后人贤达完善。

附录6 家朋中学高中毕业生（部分）成绩突出者一览表

2005年制表

姓名	性别	届别	现学历	出生地	现工作地/工作单位
方跃法	男	1974	博士	荆州方家湾	北京交通大学
周诚飞	男	1976	博士	荆州坞口村	北京市科学技术研究院
胡安民	男	1978	硕士	家朋岔坑村	国家审计署
胡水金	男	1979	博士	家朋岔坑村	美国北卡罗莱纳州立大学
周铜水	男	1979	博士	家朋石碣村	复旦大学
周光维	男	1979	博士	家朋梅街村	复旦大学
许传托	男	1979	博士	金沙38号桥村	日本
周　鹏	男	1980	博士	家朋竹里村	中国热带农业学科院热带生物技术研究所（海南）
赵日新	男	1980	博士	荆州门正坞村	北京
胡红雨	男	1980	博士	家朋霞水村	复旦大学
张建法	男	1981	博士	家朋岔坑村	美国休斯敦某大学
方　健	男	1984	博士	家朋梓舍街村	香港
张灶法	男	1984	硕士	家朋石门口村	东南大学

编后记

我与许金河于2020年8月6日开始参与编撰《润洲许氏宗谱》，历时三年有余，至2023年10月6日完成了间断一百余年的修谱工作。

在修谱过程中，我深深感悟到磡头先辈们重视风水地理和“天人合一”的建村理念。磡头村顺依地势，铺石为路，垒石为塝，石头堆中建村，“磡头磡，上床三档磡”，这是皖南山区特有的古村美景。村中，马头墙、巷中巷、过路楼，数不胜数。磡头村经过无数代村民的赓续打造，现成为初具规模的宜室宜居的古村落。专家学者赞磡头为“徽州古村落的明珠”，这赞誉毫不夸张。我还深深感悟到磡头先辈们修桥铺路、建造路亭茶亭、办私塾、树牌坊、造祠堂、立祠规以及由此衍生的各种神话和传奇故事等相关的道德教育，它们凝成艰苦创业、聚力前行、舍身为国、奉献社会的磡头精气神。磡头村的“中国传统村落”“国家历史文化名村”称号，确实实至名归。我为先辈们砥砺奋进的精神和道德传承所折服。因宗谱的文献特点无法全面反映古村磡头的优秀传统文化，我修谱之后，觉得意犹未尽，于是萌生了编写一本书的想法，意欲推介磡头，为促进方兴未艾的古村文化旅游，赓续磡头精气神，建设美丽家园，略尽自己的一份绵薄之力。

客居他乡的磡头人许恺，得知我们编撰《古村磡头》的想法，欣然接受编校这项辛苦的任务；曾担任宗谱编委副主任的许跃光承担了图片编辑；县教体局同事戴均老师参与义务编排工作。

一个偶然的机会，我与《绩溪徽学通讯》主编方静谈及编书之事，他提了一些建议，并把他正在校稿准备出版的《传统村落伏岭》一书目录发来供我参考。我与许金河商议书名定为《古村磡头》，调整并完善了目录架构。全书共六篇，第一篇　钟灵毓秀；第二篇　古迹遗存；第三篇　磡头民俗；第四篇　民间故事；第五篇　往事回眸；第六篇　磡头人物。有关祠堂庙宇的内容，源自1913年版《涧洲许氏宗谱》，基本都是文言文，深奥难读，不易理解。我们邀请宗谱编委，现任绩溪县睿阳学校高中语文教师许德康改写成白话文，使之通俗易懂。

磡头遗存的牌坊拱桥都是珍贵的历史文物。节妇坊、百粤司平石牌坊和阳川桥、寿山桥、石街桥、清潭桥等均为明代建筑。明清时代的十几座石拱桥，大多是乡绅捐资或村民集资建造。这些牌坊古桥是磡头人热心公益事业和磡头村优良村风、美丽村貌的见证，不仅具有观赏和研究价值，而且更是一种美德的传承，也是当代家风家教和社会公德普及推广的活生生的教材。

古村磡头的民间故事和传说是古村磡头道德教育的一个重要组成部分。我们追询线索，采集了许传成、许大前、许家荣等一批熟知磡头历史的长者口述，本着去伪存真、去粗取精的原则，进行整理，尽可能把那些具有教育意义的故事和传说录入书中。许家朋烈士纪念碑、仙人庵水电站等重大项目建设的事迹，我们邀请曾经参加设计、建设的当事人撰写，再现当时的场景。家朋中学、小学简史由健在的负责人和校长回忆，再作适当整理。道路、路亭、民俗和小学部分参阅了许晓骏、许传成编撰的《磡头志》。曾在磡头小学念书并代课的当代著名美学家郭因先生，对《难忘的祠堂学校》一文，提出了修改补充意见，并欣然为本书题写了书名。

《古村磡头》以村落发展为主线，兼取《谱》《志》之长。在“磡头人物”篇中，因历史局限性、资料缺失、活动范围的限制和后代对祖辈情况了解程度等诸多因素影响，仅选取具有相当影响的9个古代历史人物、27个近现代人物和9个能工巧匠的代表人物。他们在不同历史时期，为磡头村的发展做出了自己的奉献。

古村磡头山清水秀，引来络绎不绝的国内外游客。尤其是原始处女美景仙人谷，清泉、奇松、怪石遍布，景色迷人。我们精选出古村全貌、仙人谷迎客壶、三屏五墩、六桥八景等珍贵照片，以飨读者。迎客壶屹立在仙人谷口，形态逼真，是仙人谷景区的标志性景点，它象征好客的磡头人用仙壶中的清泉，招待八方宾客；三屏五墩是构成古村磡头的骨架；六桥，在旧谱中收录的是狮子墩内的六座石拱桥，其中五座在1991年“7·2”洪灾中冲毁后重建，本文选择了阳川桥、寿山庵桥、石街桥、清潭桥、天助桥、普济桥六座时代久远、保存完好的代表性拱桥来重点介绍；以及磡头老鼓、遗存路亭等照片也弥足珍贵，都一一呈现于书中。

在编写《古村磡头》过程中，撷取了磡头村世世代代村民自强不息地进取，创造不同时代文明的绚丽花朵。磡头村是皖南山区的一颗明珠，磡头人是热心公益奉献社会的道德风尚楷模。1991年“7·2”特大洪灾肆虐，磡头村满目疮痍，村民们不等不靠，互帮互助，重建家园；庚子修谱，磡头许氏族人慷慨解囊，捐款数额为绩溪乡村修谱修志之最……这些事迹都一次次展现了磡头精气神的良好传承。

《古村磡头》的编撰得到家朋乡党委、政府的大力支持。乡党委书记王毅为本书策划、作序，党委副书记洪丽红作为编务统筹，组织相关人员撰文、校对。家朋村党总支部为“人物篇”审核把关。2023年12月6日，家朋乡党委专门召开会议，听取两位主编的汇报，研究发行方式和发行资金的筹措。众多仁人志士，通过各种渠道提供相关文章与图片，提供各种素材和修改意见，在此一并致谢！

洪新民

二〇二四年五月十八日

图书在版编目（CIP）数据

古村磡头 / 许金河, 洪新民编著. -- 北京 : 商务印书馆国际有限公司, 2025. 3. -- ISBN 978-7-5176-1157-8

Ⅰ. K295.45

中国国家版本馆CIP数据核字第2025E7N052号

GUCUN KANTOU

古村磡头

编　　著　许金河　洪新民

出版发行　商务印书馆国际有限公司

地　　址　北京市朝阳区吉庆里14号楼
佳汇国际中心A座12层

邮　　编　100020

电　　话　010-65592876（编校部）
010-65598498（市场营销部）

网　　址　www.cpi1993.com

印　　刷　三河市紫恒印装有限公司

开　　本　710mm × 1000mm　1/16

字　　数　242千字

印　　张　17.5

版　　次　2025年3月第1版第1次印刷

书　　号　ISBN 978-7-5176-1157-8

定　　价　58.00元